Förderplanung

in der sonderpädagogischen Arbeit

vds-NRW (Hrsg.)

Förderplanung in der sonderpädagogischen Arbeit

Arbeitsgruppe „BOA" Magdeburg
Arbeitskreis „Förderpläne" Unna/Hamm
Ruppert Heidenreich • Rudolf Kretschmann
Marianne Schardt • Karl Dieter Schuck
Johannes Schumacher u.a.

Verband Sonderpädagogik
Landesverband Nordrhein-Westfalen e.V.
http://www.vds-nrw.de

Bibliografische Information der Deutschen Bibliothek

Die Deutsche Bibliothek verzeichnet diese Publikation
in der Deutschen Nationalbibliografie;
detaillierte bibliografische Daten sind im Internet über
http://dnb.ddb.de abrufbar.

Bibliographic information published by
Die Deutsche Bibliothek

Die Deutsche Bibliothek lists this publication in
the Deutsche Nationalbibliografie;
detailed bibliographic data are available in the internet at
http://dnb.ddb.de

ISBN 3-00-013026-8

1. Auflage Februar 2004
5. unveränd. Auflage November 2007 (6.500-7.500)
Herausgeber:
Verband Sonderpädagogik
Landesverband Nordrhein-Westfalen e.V.
Wilhelm-Canaris-Str. 6 - 59348 Lüdinghausen
www.verband-sonderpaedagogik-nrw.de
E-Mail: post@verband-sonderpaedagogik-nrw.de

Redaktion:
Klaus Beyer-Dannert
Druck und Herstellung:
druck+graphik manumedia gmbh,
Gladbeck

Vorwort

Was erwarten die Schülerinnen und Schüler auf dem Titelfoto von uns? Und welche Erwartungen haben die Eltern der Kinder mit einem sonderpädagogischen Förderbedarf? Gehen ihre Kinder noch hoffnungsvoll in die Schule? Oder sind sie schon von ihren Erfahrungen in Schulen enttäuscht - vielleicht in bestimmten Fächern? Sie wollen lernen und die Welt kennen lernen! Sie haben Probleme beim Lernen. Wie können die Symptome beschrieben werden? Welche Ursachen stehen hinter den Lernproblemen? Die Suche nach geeigneten diagnostischen Instrumentarien wird intensiv in der Sonderpädagogik thematisiert.

Konkrete Beschreibungen und kategoriale Aufbereitung von Daten können helfen, den konkreten Förderbedarf in spezifischen Fächern zu eruieren. Entsprechende Ergebnisse werden in Verbindung mit wissenschaftlicher sonderpädagogischer Literatur zu Hilfen in der Förderplanung führen. In den letzten Jahren sind an vielen Orten, an denen Schülerinnen und Schüler sonderpädagogisch gefördert werden, Erfahrungen und Möglichkeiten gesammelt worden, wie Lernprozesse detailliert und differenziert analysiert werden können.

Der Landesverband NRW des "Verbands Sonderpädagogik e.V. (vds)" - früher: Verband deutscher Sonderschulen - Fachverband für Behindertenpädagogik - hat sich in seiner fachlichen Diskussion ausführlich mit Förderplänen und Förderplanung auseinander gesetzt. In vielen Arbeitsgruppen haben Verbandsmitglieder an der Erarbeitung praktischer Hilfen mitgewirkt. Beim Sonderpädagogischen Kongress des vds am 12. Juni 2003 in Köln wurde intensiv an dieser Thematik gearbeitet. Von vielen Seiten wurden immer wieder positive Urteile über die Ergebnisse des vds geäußert.

In diesem Buch hat der vds für Praktiker aus unterschiedlichen Förderschwerpunkten Konzepte und Beispiele zur Arbeit mit Förderplänen zusammengestellt, die bereits in seiner Fachzeitschrift "Sonderpädagogische Förderung in NRW" veröffentlicht wurden und auf großes Interesse gestoßen sind. Diese Beiträge bieten für jeden einen praktikablen Start in die Förderplanung. Sie dienen daneben dem innerkollegialen Austausch an den unterschiedlichen Förderorten und können - ja sie sollen - weiterentwickelt werden im kollegialen Diskurs.

Der vds bietet eine Plattform für einen fachlichen sonderpädagogischen Diskurs. Ihre Ideen, Einwände und Wünsche wird der Landesverband in die inhaltliche Weiterentwicklung des Instrumentariums der Individuellen Förderpläne einbringen und er wird sich auch in diesem Sinne in die bildungspolitische Diskussion einmischen.

Eine qualifizierte sonderpädagogische Förderung der uns anvertrauten Kinder und Jugendlichen ist auf unser Engagement angewiesen!

Brühl, im Januar 2004

Wolfgang Franz
- Landesvorsitzender -

Inhalt

Johannes Schumacher

Individuelle Förderpläne: Sonderschulen sind auf dem Weg

Protokoll der Jahrestagung des Landesvorstandes und Beirates am 4. und 5. Februar 2003 in Bensberg

Sonderpädagogik orientiert sich am individuellen Förderbedarf von Kindern und Jugendlichen. Dieser individuelle Förderbedarf ist die zentrale Größe, auf die sich Unterricht, Therapie und Erziehung beziehen und den sie letztlich reduzieren wollen. Das Instrument, mit dem eine systematische und professionelle Umsetzung gesichert werden soll, ist der individuelle Förderplan. Die Empfehlungen der KMK und die Entwürfe zu den neuen Richtlinien für die sonderpädagogische Förderung in NRW machen den Förderplan zu einem zentralen Qualitätsmerkmal der Arbeit. Damit bleibt Förderplanarbeit nicht mehr ein freiwilliges Tun einzelner engagierter Lehrer/innen oder Kollegien, sondern wird ein notwendiger Baustein im Schulprogramm jeder Sonderschule werden. Der VDS - Landesverband sieht diese fachliche Notwendigkeit ein und hat sie in Kooperation mit dem Institut für Lehrerfortbildung Mülheim/Ruhr zum Thema der diesjährigen Fachtagung in Bensberg gemacht. Sie stand unter der Fragestellung: "Planen mit Gewinn - wem nützen individuelle Förderpläne?".

In seinem Eingangsstatement (s.S.10) steckte zunächst Ministerialrat Ruppert Heidenreich den schulaufsichtlichen Rahmen ab. Er betonte, dass neben fachlichen Gründen auch die Außenwirkung und Legitimation sonderpädagogischer Förderung den Förderplan notwendig machen. Heidenreich kündigte an, dass alle neuen Richtlinien im Rahmen eines Qualitätsanspruches Förderpläne thematisieren werden. Sie werden zu einem verpflichtenden Bestandteil der Arbeit jeder Lehrkraft und gehören in Zukunft als innerschulisches Konzept wesentlich zum Schulprogramm. Schulaufsichtlich wird demnächst über Erlasse die Entwicklung eines schulinternen Förderplankonzeptes eingefordert werden. Jeder einzelne Förderplan muss fachlichen Standards genügen und sich auch von außen bewerten lassen. Zur Unterstützung werden Fortbildungen angeboten werden, außerdem sollen auf Schulamtsebene thematische Arbeitsgemeinschaften eingerichtet werden. Auch Heidenreich gibt den Förderplänen nur eine Chance, wenn sie von den Schreibern als einen Gewinn für die eigene Arbeit erlebt werden. Daraufhin müssten die Konzepte entwickelt werden.

Johannes Schumacher (IfL Mülheim/Ruhr) referierte grundsätzliche Aspekte eines Förderplankonzeptes (s.S.13). In seinem Vortrag stellte er Förderpläne in den Rahmen der aktuellen Qualitätsdebatte, der Sonderpädagogik durch eine Systematisierung von Planung, Umsetzung und Evaluation ihrer Tätigkeit begegnen müsse. In 5 Schritten erläuterte Schumacher den Förderplanprozess und die dabei notwendigen Entscheidungen. Er betonte den dialogischen Charakter dieses Tuns: Förderplanung als Kommunikation zwischen Kollegen, mit dem Schüler, den Eltern und weiteren Personen. Über die Thematisierung von Förderbedarf und Förderangebot könnte sonderpädagogische Kommunikation auf ein neues professionelles Fundament gestellt werden. Die von den Kollegen zu Recht erhobene Frage nach einer Ökonomie des Förderplanes beantwortete Schumacher mit dem Prinzip einer begründeten Auswahl und Schwerpunktsetzung innerhalb eines Förderplans. Der von ihm vorgetragene Ansatz kann als Grundlage für eine innerkollegiale Konzeptentwicklung genutzt werden.

Marianne Schardt stellte exemplarisch das Förderplankonzept in der Schule für Lernbehinderte in Erkelenz vor (s.S.25). In einem mehrjährigen Prozess mit dem Kollegium entwickelte sie eine Struktur, über die der Gesamtentwicklungsstand des Schülers dokumentiert wird, von dort in einen konkreten Förderplan mündet und schließlich die Gesamtentwicklung fortschreibt. Das komplexe und arbeitsintensive Förderplankonzept wurde von Schardt als langfristig befriedigend und arbeitserleichternd vorgestellt. Der Lehrer hat über seine Dokumentation jeweils den Überblick über alle relevanten Leistungs- und Verhaltensbereiche der einzelnen Schüler. Für neue Schüler wurden Diagnosestationen entwickelt, an denen spielerisch mit vorhandenen Schulmedien ein erster Gesamtüberblick über die individuelle Entwicklung gewonnen werden kann. Schardt betonte, dass individuelle Förderpläne auch individualisierenden Unterricht bedeuten müssen.

In 3 Arbeitsgruppen wurden wichtige Aspekte von bereits existierenden Förderplankonzepten ausgetauscht und diskutiert. Einig war man sich darin, dass die Ökonomie und Machbarkeit von Förderplänen über eine begründete Schwerpunktsetzung möglich und fachlich begründbar ist. Mittlerweile haben etliche Schulen ein eigenes Förderplankonzept entwickelt. Alle Schulen, die Schüler nach § 8 fördern, verfügen bereits seit Jahren über eine Förderplanerfahrung. Bereits der innerkollegiale Entwicklungsprozess wurde als lohnend empfunden. Einerseits wirkte die Fülle der vorgestellten Konzepte beeindruckend, andererseits waren sie sich in der Struktur ähnlich. Damit wird deutlich, dass ein fachliches Entwicklungspotential in den Kollegien vorhanden ist. Man kann daher suchenden Kollegien empfehlen, das Rad nicht neu zu erfinden, sondern die vorhandenen Erfahrungen einzelner Kollegen zu nutzen und Erfahrungen benachbarter Schulen abzufragen.

Förderpläne fordern den Sonderpädagogen heraus, seine diagnostische Kompetenz genauer zu nutzen, lernbegleitend zu arbeiten und die Wirkungen des eigenen Unterrichts zu evaluieren. Aus den Erfahrungsberichten wurde deutlich, dass es innerhalb eines Klassenteams zu deutlich unterschiedlichen und widersprüchlichen Einschätzungen kommen kann, wo ein Schüler steht, wie er lernt und welche Lernfortschritte gesichert sind. Die Arbeit mit dem Förderplan kann die Diagnostik- und Beobachtungskompetenz von Lehrern genauer machen und weiterentwickeln.

Förderpläne können alltagsleitend sein,

wenn sie in kollegiale Kommunikation eingebunden werden. Regelmäßige Teamgespräche, Fallbesprechungsgruppen in Stufenkonferenzen und Elterngespräche können so zielgerichteter geführt werden.

Von der Schulaufsicht wird erwartet, einerseits Verbindlichkeit im Sinne der Sicherung gleicher Standards zu fordern. Aber die Schulen brauchen auch den Freiraum, ihr passendes Förderplankonzept selbst zu entwickeln. Die Tagung zeigte anhand der Beispiele, dass die fachlichen Kompetenzen dafür in den Kollegien vorhanden sind. Die Schulen brauchen für diese Entwicklungsarbeit Zeit, um erste Entwürfe zu erproben, zu evaluieren und fortzuschreiben. Dazu müssen unterrichtsfreie Fortbildungstage eingerichtet werden. Ferner wäre ein Erlass mit zu engen zeitlichen Vorgaben wenig hilfreich. Es wird eine Vielfalt von Förderplankonzepten möglich sein müssen. Die Teilnehmer/innen wünschten sich von der Schulaufsicht Beratung und eine Wertschätzung der ersten Versuche.

Förderplanung und Unterrichtsentwicklung gehören zusammen. Wenn etwa in Mathematik oder Schriftspracherwerb eine bestimmte Kompetenzstufe diagnostiziert wurde, dann muss der geplante Unterricht dazu passend den nächsten Entwicklungsschritt ermöglichen. Dies bedeutet langfristig, dass es zu wichtigen Fachbereichen auch innerschulische Fachkonzepte geben muss, auf die man sich in der Diagnostik und Unterrichtsplanung beziehen kann. Diese Systematik müsste durch alle Klassen konsequent verfolgt werden.

Förderpläne sind eine gemeinsame kollegiale Aufgabe. Ein Kollegium muss sich mit der Notwendigkeit systematischer Planung auseinandersetzen, eine passende Dokumentation entwickeln und sie verbindlich anwenden. Förderpläne sollen den eigenen Unterricht begleiten, aber auch die Lernbiografie des Schülers über die gesamte Schulbesuchszeit in ausgewählten Schwerpunkten nachvollziehbar machen. Dies ist nur mit gemeinsamen Dokumentationsabsprachen möglich. Auch für die Außenwirkung sind Förderpläne wichtig. Eltern oder aufnehmende Einrichtungen sollten über die aktuellen Förderpläne informiert werden.

Wenn es in einem Kollegium gelingt, viele innerschulischen Entscheidungen letztlich vom Förderbedarf der Schüler/innen abzuleiten und zu legitimieren, kann eine Schule effektiver und passender arbeiten.

Der VDS trägt aus fachlicher Sicht das Förderplankonzept mit. Er plädiert für eine Entwicklungsoffenheit der einzelnen Schulen, Vorgaben von oben dürfen nicht einengen, sondern sollen ermutigen. Die Kompetenzen sind in den Kollegien da, über standortbezogene Förderplankonzepte die eigene Arbeit weiter zu professionalisieren.

Johannes Schumacher

Ruppert Heidenreich

Entwicklung von Förderplankonzepten für Schülerinnen und Schüler mit sonderpädagogischem Förderbedarf aus Sicht der Schulaufsicht (Erwartungen und Beratung)

Eingangsstatement zur Fachtagung am 4./5.02.2003 in Bensberg

Förderplanung in der sonderpädagogischen Arbeit:
Förderplanung bedarf eines Förderplans

Die neuen Richtlinien für die sonderpädagogische Förderung in NRW sehen in Zukunft den Förderplan verpflichtend vor. Die **Rahmenvorgabe** trifft hierzu in Kap.2 "Sonderpädagogischer Förderbedarf und individuelle Förderpläne" folgende Festlegungen:

- Die Ergebnisse der Diagnostik werden in ein pädagogisches Konzept eingebunden (> Förderplan).
- Der individuelle Förderplan ist für die Entwicklung und Sicherung der Qualität sonderpädagogischer Förderung unverzichtbar.
- Die Lehrerkonferenz stimmt Struktur zur Entwicklung und Fortschreibung der Förderpläne ab (effektiv, zeitökonomisch).
- Kollegialer Diskurs auf der Ebene der Klassen- bzw. Stufenkonferenzen
- Beteiligung aller, die an Diagnose und Förderung beteiligt sind und -soweit möglich- Einbeziehung von Schülerinnen und Schülern und Eltern
- Kontinuierliche Fortschreibung der Förderpläne

Diese Festlegungen werden in den nachfolgenden Richtlinien für die einzelnen Förderschwerpunkte konkretisiert:

Aufgaben eines Förderplans

Förderpläne dienen

- als Erstes und Wichtigstes der Beschreibung der notwendigen individuellen Förderung des Kindes,
- weiterhin als Grundlage zur Evaluation (man kann nur evaluieren, wenn vorher Ziele / Maßstäbe festgelegt wurden),
- als Grundlage für die Schullaufbahnentscheidung.

Damit erhalten Förderpläne einen besonderen Stellenwert im Rahmen der sonderpädagogischen Förderung, der zum verpflichtenden Bestandteil der von einer Lehrkraft zu erbringenden Arbeitsleistung gehört.

Förderpläne stellen jedoch keinen Verwaltungsakt dar, der z.B. nach dem Verwaltungsverfahrensgesetz gerichtlich überprüfbar wäre (mit Widerspruchsrechten und Klagen vor den Verwaltungsgerichten).

Aufbau eines Förderplans (nach Kretschmann)

Kretschmann unterscheidet

1.) die **Eingangsdiagnose**
(Fragestellung: Liegt sonderpädagogischer Förderbedarf vor, wenn ja, in welchem Umfang und an welchem Förderort?),

2.) die **Förderdiagnose im engeren Sinne** (Fragestellung: Welche Förderziele in welchen Förderbereichen sollen mit welchen Fördermethoden in welcher Reihenfolge bzw. zeitgleich realisiert werden?),

3.) **Prozessdiagnose** (Fragestellung: Welche spezifischen Lernfortschritte und Lernschwierigkeiten treten im Prozess der Förderung auf?) und die

4.) **Fortschreibungsdiagnose** (Fragestellung: Wie ist die geplante Förderung verlaufen und welche Spezifizierungen bzw. Änderungen des Förderplans müssen vorgenommen werden?).

Die Eingangsdiagnose nach Kretschmann entspricht dem sonderpädagogischen Gutachten nach **§ 11 VO-SF**. (Person - Umfeld - Diagnose). Hier ist m.E. noch keine Förderdiagnose im engeren Sinne von Kretschmann zu leisten, d.h. Fördermethoden und Reihenfolge sind entbehrlich.

In den Förderplan gehören jedoch die wesentlichen Förderziele und -methoden. In die **Fortschreibung des Förderplans** gehören Prozess- und Fortschreibungsdiagnose.

Förderkontrakt im Gemeinsamen Unterricht

Arnold/Kretschmann (Literaturhinweis am Ende) beschreiben übrigens noch eine interessante Ergänzung für die Umsetzung des **Förderplans im gemeinsamen Unterricht, den sog. Förderkontrakt:**

"Ein von der sonderpädagogischen Fachkraft in Kooperation mit den beteiligten Lehrkräften der allgemeinen Schule ausgearbeiteter und gemeinsam unterzeichneter Förderkontrakt präzisiert die anfallenden Aufgaben und Zuständigkeiten."

Was erwartet also Schulaufsicht?

- dass die Förderpläne fachlich/sonderpädagogisch abgesichert sind,
- dass die Schulen ein Konzept für die Förderpläne und ihre Fortschreibung entwickeln (Struktur, Ökonomie, Effektivität) und
- dass sie griffbereit in der Schule vorliegen und zwar auf dem neuesten Stand.

Was kann Schulaufsicht zur Unterstützung leisten?

- Fortbildung (sowohl regional, aber auch landesweit: "Förderdiagnostik online", Landesinstitut für Schule)
- Beratung der Schulen bei der Entwicklung des Förderplankonzeptes (z.B. best practice, Modelle)
- Initiierung einer AG zum regelmäßigen Austausch, Evaluation, kollegiale Fallberatung

Förderpläne sollen die Arbeit erleichtern und stellen keine neue zusätzliche Belastung dar. Sie werden m.E. nur dann von den Lehrkräften akzeptiert und sinnvoll ausgestaltet, wenn es gelingt, den Lehrerinnen und Lehrern zu verdeutlichen, welche Vorteile Förderpläne für die konkrete Arbeit bieten.

Ich halte die Erstellung von Förderplänen aber auch für bildungspolitisch geboten:

Der immer wieder und in jüngster Zeit verstärkt von Außenstehenden, manchmal sogar recht unverhohlen geäußerten Kritik an der Notwendigkeit und Wirksamkeit sonderpädagogischer Förderung kann durch fachlich abgesicherte Förderpläne und durch deren Evaluation gezielt und nachweisbar begegnet werden. Dies dient auch der Akzeptanz und der positiven Bewertung sonderpädagogischer Förderung in der Öffentlichkeit.

Literatur:

Karl-Heinz **Arnold** / Rudolf **Kretschmann**: Förderdiagnostik, Förderplan und Förderkontrakt: Von der Eingangsdiagnose zu Förderungs- und Fortschreibungsdiagnosen. In: ZfH 7/2002

Konrad **Bundschuh**: Förderdiagnostik. In: vds (Hrsg.): Kongressbericht 2001, Band II: Impulse für Didaktik und Therapie

Ruppert Heidenreich
Ministerialrat MSJK

Johannes Schumacher

Planen mit Gewinn - Wem nützen individuelle Förderpläne?

Von den Schwierigkeiten des Planens

Förderung ist geplante Bildung und Erziehung unter erschwerten individuellen und sozialen Bedingungen. Dabei geschieht dieses Planen immer in einem Spannungsfeld von Chancen und Risiken. Einerseits gilt: "Wer plant, arbeitet zielgerichtet und effektiver", andererseits ist zu beachten: "Wer Menschen gerecht werden will, darf sie nicht verplanen, weil sein Plan nie stimmen kann" und schließlich gilt: "Wer pädagogisch plant, muss dennoch offen bleiben für das, was sich ungeplant ereignet." Die folgenden Überlegungen handeln von den Schwierigkeiten und Chancen geplanter Förderung von Kindern und Jugendlichen mit sonderpädagogischem Förderbedarf.

Arbeiten nach individuellen Förderplänen ist ein fachlich notwendiger, in der Realität jedoch noch nicht gesicherter Standard an sonderpädagogischen Förderorten. Viele Lehrer/innen und Kollegien suchen derzeit nach einer leistbaren und gewinnbringenden Form. Immer wieder werden in diesem Entwicklungsprozess berechtigte Vorbehalte formuliert, auf die ein Förderplankonzept antworten muss:

- Wie kann eine praktikable und ökonomisch handhabbare Form der Dokumentation aussehen?
- Worin kann der Gewinn für Schüler und Lehrer bestehen?
- Widersprechen enge Förderpläne nicht einer Sonderpädagogik, die sich als ein dialogisches, prozesshaftes und aneignungsorientiertes Handeln versteht?
- Die hohen Ansprüche der Wissenschaft und Fachliteratur sind für den Praktiker nicht umzusetzen.
- Der Schulalltag ist so störanfällig, dass geplantes Arbeiten nicht gesichert werden kann und schlechtes Gewissen erzeugt.
- Förderpläne mögen zwar das Problembewusstsein und die Zielorientierung schärfen, sind aber kein Garant für die Lösung pädagogischer Probleme, mit denen man ohnehin nicht mehr weiter weiß

E i n Förderplankonzept für die Vielfalt sonderpädagogischer Handlungsfelder?

Die Adressaten sonderpädagogischer Förderung stellen eine extrem heterogene Gruppe dar. Die Streubreite erstreckt sich z.B. vom hochbegabten Schüler der E-Schule bis zum schwerstmehrfachbehinderten Schüler in der KB-Schule; vom Klassenteam, das zu Dritt 7 Schüler betreut, bis zum Lehrer der LB-Schule, der eine Klasse von 17 alleine unterrichten muss. Um diese Vielfalt der Bedingungen mit e i n e m Förderplankonzept zu erfassen, können die folgenden Ausführungen nur grundsätzlicher Natur sein. Sie müssen vom Leser für sein Bedingungsfeld konkretisiert und weitergedacht werden. Es werden im folgenden grundsätzliche unaufgebbare Mindeststandards eines "guten" Förderplanes vorgestellt, die aber so offen formuliert sind, dass sie vom Einzelleser oder einem Kollegium differenziert und weiterentwickelt werden können.

Erster Ausgangspunkt: Förderplanung im Kontext erweiterter sonderpädagogischer Theorie

Sonderpädagogik als Fachwissenschaft hat in den letzten Jahrzehnten ihr Profil schärfen müssen und schärfen können. Viele Prinzipien der Pionierzeit wurden aufgegeben oder weiterentwickelt. Wer heute professionell fördern will, hat sich an folgenden fundamentalen Weiterentwicklungen der Sonderpädagogik zu orientieren (siehe KMK-Empfehlungen DRAVE u.a. 2000):

- Von der Typisierung zur individuellen Sichtweise
- Von einem personorientierten Behinderungsbegriff zu einer Kind-Umfeld-Sicht
- Von der Annahme einer spezifischen Sonderschulbedürftigkeit zur Suche nach dem individuellen Förderbedarf und dem passenden Förderort
- Von der Defizitwahrnehmung zur Kompetenz- und Bedürfnisorientierung
- Vom Verplanen und Planen für... zum kooperativen Unterrichtsverständnis zwischen Lehrer und Schülern
- Von der personorientierten zur systemischen Sichtweise
- Von der isolierten Lehrerperspektive "Ich und meine Klasse" zur teamorientierten und kooperativen Sichtweise "Wir und unsere Schule".

Alle pädagogischen und institutionellen Prozesse sonderpädagogischer Arbeit können hinter diese Prinzipien nicht mehr zurück, sie müssen sich daran messen lassen. Dies gilt auch für ein zeitgemäßes Förderplankonzept, das folgende erste Qualitätskriterien zu erfüllen hat:

- Individuelle Ausrichtung: der einzelne Schüler muss im Förderplan als Individuum erkennbar werden
- Stärkenorientierung: der geplante nächste Lernschritt kann nur auf der Basis beschreibbarer individueller Kompetenzen voraus gedacht werden
- Systemische Beschreibung von hilfreichen Settings und zu berücksichtigenden Bedingungen
- Offenheit für Beobachtungen und Veränderungen im Förderprozess, die zu dokumentieren und zu nutzen sind

Zweiter Ausgangspunkt: Förderplanung im Kontext des Qualitätsdenkens

In einer Gesellschaft, die alle Dienstleistungen kritisch auf ihre fachliche und wirtschaftliche Qualität hin kontrolliert, muss sich auch die sonderpädagogische Förderung auf ihre Professionalität hin befragen lassen (PETERANDER & SPECK 1999).

Qualität als formale Größe liegt dann vor, wenn die Strukturen, Ablaufprozesse und Ergebnisse eines pädagogischen Angebotes einem vorher gesetzten Standard fehlerfrei entsprechen. Sonderpädagogik hat den Anspruch, sich diesem Qualitätsansatz u.a. über Förderpläne immer mehr anzunähern.

Qualitätsorientierte Leitfragen an einen Förderplan:

- Folgt das Förderangebot einer fachlich begründeten Systematik bezogen auf Entwicklungs- u./o. Fachbereiche?
- Passen diagnostischer Befund und geplante Schritte (Methoden, Inhalte ...) logisch zueinander?
- Hilft der Förderplan dem Risiko der Zufälligkeit, Störbarkeit und Beliebigkeit von Förderung zu entgehen?
- Lässt sich über die Arbeit mit dem Förderplan die Qualität eines Förderangebotes (Planung, Umsetzung, Ergebnis) fachlich einschätzen?
- Können über das Lesen von Förderplänen pädagogische Dienstleitungen zwischen Klassen oder gar Schulen verglichen und optimiert werden?
- Kann über Förderpläne eine größere Transparenz der Förderangebote nach Innen (Kollegium) und Außen (Eltern, aufnehmende Einrichtungen) geleistet werden?
- Wie weit kann über einen Förderplan Transparenz, Verbindlichkeit und Kommunikation zwischen allen Personen hergestellt werden, die mit dem Schüler arbeiten?
- Können Förderplane helfen, Fehler im Handeln zu reduzieren bzw. für die Weiterentwicklung zu nutzen?

Sonderpädagogische Arbeit mit dem Förderplan kann helfen, diese Risikofaktoren zu begrenzen. Der Plan ist Orientierung, Ankerpunkt und Kontrollmedium im Schulalltag und stellt sicher, dass der rote Faden in der Förderung nicht verloren geht. Die inhaltliche Qualität des Förderplanes können nur die ausfüllen und verantworten, die über die entsprechende sonderpädagogische Kompetenz verfügen. Und dies ist in der Regel das Förderteam evtl. in Kooperation mit dem Schüler, seinen Eltern und weiteren Professionen. Der Förderplanprozess kann langfristig ein wichtiges Instrument der Qualitätssicherung und -verbesserung werden.

Daraus ergeben sich weitere Kriterien eines "guten" Förderplanes:

- Er sichert fachliche Standards angesichts eines störanfälligen Schulalltages
- Er ist für alle am Förderprozess Beteiligten verbindlich und kommunizierbar
- Er eignet sich als Kontroll- und Erfassungsinstrument für den laufenden Förderprozess
- Er eignet sich als Auswertungsgrundlage für die systematische Evaluation am Ende eines geplanten Förderzeitraumes

Dritter Ausgangspunkt: Förderplanung im Kontext des Systems Schule

Die Förderung von Schülern ist zwar am Individuum und seinem Förderbedarf orientiert, geschieht aber in der Schule und außerhalb immer in einem Netz von förderlichen oder hinderlichen Einflussfaktoren. Wichtige innerschulische Subsysteme sind dabei das Klassenteam, die Gruppe der Mitschüler, Therapeuten und Pflegekräfte, das Gesamtkollegium, die Eltern. Weitere Wirkfaktoren sind die im Schulprogramm formulierten und real gelebten Werte, Bildungspläne, Organisationsstrukturen und Kommunikationsformen. Alle beschriebenen Einflussgrößen sind im Idealfall so passend aufeinander abgestimmt, dass sie für den jeweiligen individuellen Förderbedarf der einzelnen Schüler förderlich sind. Alle Personen, Konzepte und Entscheidungen der Schule sollten sich letztlich auf die Summe der aktuellen Förderbedarfe der Schülerschaft beziehen und sich von ihr her legitimieren lassen. Dies setzt voraus, dass im Förderplanprozess der individuelle Förderbedarf diagnostiziert, dokumentiert und innerkollegial kommuniziert wird: Was kennzeichnet unsere Schülerschaft, welche Bedürfnisse nehmen wir wahr, was benötigen diese Menschen in unserer Schule? Die Summe dieser individuellen Förderbedarfe sollte die Grundlage für alle wesentlichen Entscheidungen innerhalb der Schule sein.

Daraus ergeben sich weitere Kriterien eines "guten" Förderplanes:

- Förderplane werden von allen Personen, die an der Förderung des Schülers beteiligt sind, gemeinsam entwickelt, umgesetzt und verantwortet.
- Förderpläne sind die Basis regelmäßig stattfindender Teambesprechungen und ggf. Schüler- und Elterngespräche.
- Es muss ein gemeinsam entwickeltes Dokumentationssystem geben, das für alle praktikabel ist und in das man sich als Fremder schnell einlesen kann.
- Förderpläne dürfen nicht zu isolierten Einzelförderungen nacheinander und nebeneinander in der Klasse führen. Sie sind bezogen auf die Klassengemeinschaft und den Unterricht integrativ zu denken.
- Förderpläne setzen auf individueller Basis die im Schulprogramm formulierten pädagogischen Ansprüche um und lassen sich darauf hin kontrollieren
- Förderpläne werden über die gesamte Schulbesuchszeit fortgeschrieben und machen das Lehren und Lernen in ausgewählten Lernbereichen nachvollziehbar.

Förderplanung mit System

Die folgende Übersicht beschreibt in 5 Schritten den Prozess der Förderplanung, der immer wieder neu spiralförmig zu durchlaufen ist. Dabei ist es zunächst unerheblich, ob dies in schriftlicher oder nur sprachlicher Form geschieht. Wichtig ist es, Förderung als einen d i a l o g i s c h e n Prozess der Lernbegleitung zu verstehen, in dem gemeinsames Diagnostizieren, Planen, Umsetzen und Evaluieren eine Einheit bilden. Der Umfang der schriftlichen Fixierung muss über Stichwortformulierung und Prioritätensetzung leistbar sein und vom Lehrer, bzw. dem Förderteam als Gewinn für die eigene Arbeit verstanden werden. Dabei werden Aufwand und Umfang in Relation zur Komplexität des individuellen Förderbedarfs der Schüler unterschiedlich ausfallen. Jede Schule sollte ihr eigenes Förderplankonzept entwickeln, das für alle verbindliche Eckpunkte enthält, die von den Klassenteams dann individuell konkretisiert und variiert werden können.

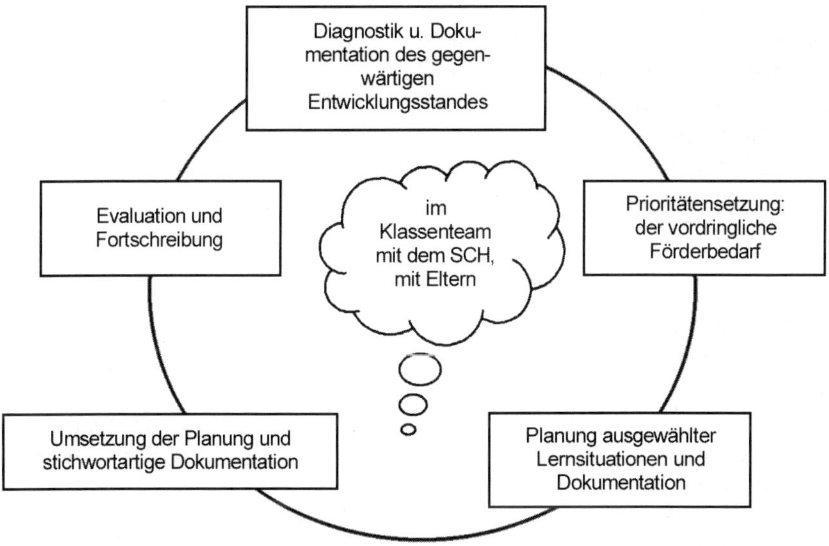

Abb.: Der Prozess der Förderplanung

Erster Schritt: Eingangsdiagnostik - "Ich sehe nur, was ich weiß"

Basis jeglicher Förderung sind die vorhandenen Fähigkeiten und Bedürfnisse des Schülers. Diese werden durch freie oder gezielte Beobachtung mit diagnostischen Handlungsproben oder Testmaterial ermittelt. Damit diese Wahrnehmung des Schülers nicht zufällig, einseitig und beliebig bleibt, braucht der Beobachter Kategorien, mit denen er das Beobachtete für sich deuten und einordnen kann. Ferner benötigt er Kategorien, die ihn erinnern, bisher Unbeachtetes in seine Diagnostik aufzunehmen. Mit dieser professionellen Neugier braucht es in der Regel einige Wochen, um eine erste Bestandsaufnahme des gegenwärtigen Entwicklungsstandes von neuen Schülern abzuschließen. Das, was dieser Schüler jetzt zeigt, ist sein momentanes Zwischenergebnis aus der Interaktion zwischen vorhandenen Voraussetzungen und Umweltangeboten. Daher darf die Diagnostik nicht allein personorientiert sein, sondern sie muss sich als eine erweiterte Kind-Umfeld-Wahrnehmung verstehen. Mag dabei auch die Brille des Defizits nicht immer zu vermeiden sein, so stehen im Mittelpunkt die gegenwärtigen Fähigkeiten, Bedürfnisse und Entwicklungspotentiale. Die Beobachtungen der Eltern, Selbstwahrnehmungen der Schüler und Befunde weiterer Fachleute ergänzen die schulische Diagnostik.

Eine Systematik der Diagnostik kann durch folgende Bezugspunkte gesichert werden:

1. Bezugspunkt:
   Verhalten und Zustände in elementaren körperlichen Bereichen: Körperfunktionen, Pflege, Gesundheitszustand, Lagerung (vor allem bei schwerstbehinderten Schülern).
2. Bezugspunkt:
   Spontanes Verhalten und vermutete Bedürfnisse, Eigenarten, Vorlieben, Abneigungen, Ängste, situative Besonderheiten, kurz gesagt das, was diesen Schüler zum unverwechselbaren Individuum macht.
3. Bezugspunkt:
   Verhalten in den (künstlich getrennten) Entwicklungsbereichen Wahrnehmung, Motorik, Kommunikation und Emotion, Kognition, Lern- und Arbeitsverhalten. Hierzu liegen vielfältige diagnostische Übersichten vor, z.B. EGGERT (1997).
4. Bezugspunkt:
   Die Leistungen in den Unterrichtsfächern.
5. Bezugspunkt:
   Diagnostik spezifischer Erkrankungen, Behinderungen und Störungsbilder; das Know How, das in den einzelnen Fachrichtungen der Sonderpädagogik vorhanden ist.
6. Bezugspunkt:
   Umfeldperspektive: Verhalten in Abhängigkeit von spezifischen einflussreichen Umfeldbedingungen, z.B. Trennung der Eltern, Wohnen im Asylantenheim.

Um diese diagnostischen Kategorien im Schulalltag benutzen zu können, sollte eine entsprechend ausgestattete Lehrerbibliothek in der Schule zur Verfügung stehen und genutzt werden.

Mittlerweile arbeiten Schulen daran, die Befunde einer Gesamtdiagnostik zu dokumentieren und fortzuschreiben. Bewährt haben sich Verhaltensübersichten mit Ankreuzverfahren und frei formulierte Aussagen unter bestimmten diagnostischen Oberbegriffen. Die Schwierigkeit besteht darin, angesichts der Fülle von Einzeldaten den Überblick zu behalten.

Im Förderplangespräch tragen alle Beteiligten ihre gesammelten Beobachtungen zunächst im Brainstorming zusammen und versuchen diese dann zu systematisieren und ggf. unterschiedliche Einschätzungen anzunähern. Um sich nicht in der Fülle der Einzelinformationen zu verlieren, kann die Diagnostik sich je nach Förderschwerpunkt des Sonderschultyps auch auf ausgewählte Verhaltensbereiche beschränken. Liegt die Entwicklungsübersicht vor, lauten jetzt die Fragen:

- Wie schätzen wir die gegenwärtige Lebensqualität des Schülers ein?
- Was bedeuten unsere Ergebnisse für das vermutete oder direkt geäußerte Selbstbild des Schülers?
- Wo sehen wir trotz Blockierungen und Rückständen das größte Entwicklungspotential?
- Wie weit hat der Schüler unter den Bedingungen seiner Behinderung ein Störungsbewusstsein oder Leidensdruck entwickelt?
- Welche Kompensationskompetenzen hat er sich angeeignet?
- Was bedeuten diese Befunde für unsere Beziehung zu ihm und für unseren Förderauftrag?

Diese Fragen sollen helfen, die Kategorie "Förderbedarf" nicht - wie im Schulalltag beobachtbar - als neue wohlklingende Chiffre für einen Defizitbefund zu benutzen. Förderbedarf ist eine komplexe ressourcenorientierte pädagogisch lohnende Zuschreibung.

Zweiter Schritt: Beschränkung durch Prioritätensetzung und Bestimmung des vorrangigen Förderbedarfes.

Die Diagnostik des gegenwärtigen Entwicklungsstandes beschreibt ein biografisches Zwischenergebnis. Diesem Befund werden jetzt im zweiten Schritt die zentralen pädagogischen Herausforderungen jeder menschlichen Entwicklung gegenübergestellt:

- Sich selbst verwirklichen können (Selbstkompetenz)
- Die eigene Lebenssituation mit anderen gestalten können (Sozialkompetenz)
- Die Welt verstehen können (Sachkompetenz)

Aus dieser finalen Gegenüberstellung ergibt sich für die Schüler ein umfassender und komplexer Förderbedarf, der in seinem Anspruch fast erdrückend und lähmend wirken kann. Manche Lehrer spüren dieses Dilemma in dem permanent schlechten Gewissen, nie genug mit ihren Schülern getan zu haben.

Daraus ergibt sich aus praktischen und psychohygienischen Gründen die Notwendigkeit, begründet wenige Förderschwerpunkte auszuwählen. Dies bedeutet eine Entscheidung für den vorrangigen Förderbedarf und die gegenwärtige Zurückstellung eines anderen. Ein solches Auswählen darf sein, ja es gehört zur sonderpädagogischen Professionalität und kann sich an folgenden personalen und institutionellen Kriterien orientieren:

- Entscheidung für das Entwicklungspotenzial, das dem Schüler mit der größten Wahrscheinlichkeit neue befriedigende Wahrnehmungs- und Handlungsmöglichkeiten eröffnen kann;
- Bevorzugung einer Kompetenz, die für die weitere Gesamtentwicklung unaufgebbar ist.

- Leidensdruck bei Schülern, Lehrern, Mitschülern oder Eltern.
- Priorität für die Körperwahrnehmung und das elementare Mittun in Pflegesituationen, wenn der Schüler voraussichtlich lebenslang auf Pflege angewiesen sein wird.
- Bevorzugung von Lernbedürfnissen und Vorlieben des Schülers.
- Entscheidung für die Förderbereiche, in denen Schule, Familie oder Heim am besten kooperieren werden.
- Beschränkung auf die Förderangebote, die im gestörten Schulalltag gesichert durchführbar sind.
- Auswahl der Förderangebote, die mit den vorhandenen Ressourcen und Kompetenzen leistbar sind.
- Fachliche Notwendigkeiten, die durch Richtlinienvorgaben zu erfüllen sind.
- Schwerpunkte, die im Schulprogramm gesetzt sind.
- Themen, die mit dem Schüler verhandelbar sind.

Konkret bedeutet dies, dass in einem Förderplan vielleicht nur wenige Schwerpunkte gesetzt und ausformuliert werden, die aber kontinuierlich im Schulalltag verfolgt werden können. Diese Prioritätensetzung sichert letztlich die Ökonomie des Förderplanes. Lehrer schwächen sich selbst, bzw. setzen sich selbst unter Druck, wenn sie im Förderplan Aufgaben beschreiben, die sie im Alltag nicht für umsetzbar halten. Der Förderplan soll ein Instrument sein, an dessen Nützlichkeit und Umsetzbarkeit vor allem der Schreiber selbst glaubt.

Nur diese wenigen ausgewählten Förderbedarfe werden im folgenden Förderplan weiter reflektiert.

Dritter Schritt: Planung der Lernsituation

Entgegen einer subjektiven Gewissheit ergeben sich aus der Diagnostik und der Festlegung des vorrangigen Förderbedarfs nicht zwangsläufig die Entscheidungen über Ziele, Inhalte und Methoden der Förderung. Die Planung der passenden Lernsituation ist ein neuer eigenständiger Entscheidungsschritt. Förderbedarf und Förderangebot müssen sich logisch aufeinander beziehen. Die Förderung wird jetzt konkret durch das, was man mit dem Schüler tun will. Damit sie sich nicht auf ein isoliertes Funktionstraining beschränkt, muss sie eingebettet sein in ein ganzheitliches Bildungsverständnis. Wer im Förderplan individualisierend denkt, benötigt zur Umsetzung offene flexible individualisierende Unterrichtsformen. Deshalb gehören die Entwicklung eines Förderplankonzeptes und die Unterrichtsentwicklung notwendig zusammen.

Diese Planungsentscheidungen sind das Zentrum sonderpädagogischen Handelns. Sie beziehen sich auf Inhalte, Methoden, Lernsettings, Medien etc. Da sich Förderpläne i.d.R. in einem mittelfristigen Zeitraum von mehreren Monaten bewegen, werden die jetzt anstehenden Formulierungen eher etwas allgemeiner sein. Wichtig ist ferner die Festlegung eines Evaluationstermines, damit bereits in der Planungsphase die spätere Überprüfung mitbedacht wird. So werden Verbindlichkeit und Kontinuität gesichert.

Die Planungsentscheidungen werden stichwortartig im Förderplan festgehalten und ggf. mit den Schülern und den Eltern besprochen.

Förderpläne sind kein Geheimwissen der Lehrer. Der Schüler soll sehen, dass es für ihn einen Förderplan gibt, den er ggf. mit entwickeln kann, auf den der Lehrer sich in Gesprächen mit ihm immer wieder bezieht und in den er etwas über ihn hineinschreibt.

Der Förderplan gibt den kommenden Unterrichtssituationen eine Struktur, darf und kann sie aber auch nicht so festlegen, dass kein Raum mehr für Ungeplantes, Spontanes und Intuitives übrig bleibt.

In vielen Schulen gelten Förderpläne für jeweils ein Tertial. Sie werden in den Klassen aufbewahrt, sind jederzeit einzusehen und können durch Beobachtungen im Förderprozess fortgeschrieben werden. Die Schulen müssen eine einheitliche Form der Dokumentation vereinbart haben, damit im Vertretungsfall oder bei Klassenwechsel das Geschriebene genutzt werden kann. Nicht zuletzt müssen die Eintragungen leserlich sein.

Vierter Schritt: Umsetzung der Planung und begleitende Dokumentation

Die im Förderplan beschriebenen Schritte werden im Unterrichtsalltag konkretisiert und umgesetzt. Dies wird in Einzelförderung geschehen, in Gruppensituationen mit Schülern ähnlichen Förderbedarfs oder in der Gesamtklasse. Manches wird sich in situativen Alltagsinterventionen konkretisieren.

Alle beteiligten Lehrpersonen halten sich an ihre Absprachen, so dass der Schüler ein hohes Maß an Kontinuität im Schulalltag erleben kann.

Dennoch wird die Förderwirklichkeit immer wieder vom Geplanten abweichen. Der Prozess der Aneignung von Lernangeboten hat seine eigene Qualität und Dynamik und ist mehr als das einfache Reagieren des Schülers auf das Vorgeplante.

Deshalb bleibt der Lehrer im förderplanorientierten Unterricht offen für alles Aktuelle, was sich ereignet. Er wird dadurch aber nicht mehr so schnell in die Falle eines ausschließlich Reagierenden tappen. Der Förderplan kann ihm einen Halt geben.

Der Förderplan bleibt im Unterrichtsgeschehen lebendig, wenn er immer wieder zur Hand genommen und mit stichwortartigen Aufzeichnungen ergänzt wird: z.B. Fortschritte, Blockaden, unerwartete Aktionen und Reaktionen, neue Fragestellungen und Förderperspektiven. Dazu muss er in der Klasse aufbewahrt werden. Wenn möglich, werden die Schüler in kleinen Gesprächen mit in den Prozess einbezogen. Sie sehen das Dokument, lesen, was dort über sie steht, setzen sich darüber mit dem Lehrer auseinander und schätzen sich immer wieder anhand des Geplanten selbst ein.

Fünfter Schritt: Evaluation und Fortschreibung

Evaluation wird hier als ein systematischer Wirksamkeitsdialog verstanden: Was haben wir uns vorgenommen? Wo stehen wir jetzt? Welche Konsequenzen ziehen wir daraus? Bereits in der Planungsphase war ein Evaluationstermin festgelegt worden. Vielleicht hatte das Team oder der Einzellehrer schon in der Planung Überlegungen angestellt, woran man einen Fortschritt fest machen würde. Nun wird inne gehalten. Alle betroffenen Personen im Förderprozess setzen sich ggf. mit dem Schüler zusammen, um zurückzuschauen, die Gegenwart zu reflektieren und für die Zukunft weiterzuplanen. Bezugspunkt ihres Evaluationsgespräches sind der Förderplan, die begleitende Dokumentation und die spontanen Erinnerungen und Einschätzungen. Folgende Fragen können im Mittelpunkt des Evaluationsgespräches stehen:

- Was haben wir uns vorgenommen?
- Wie gesichert haben wir das Geplante trotz Störungen umsetzen können?
- Was haben wir im Prozess beobachtet?
- Waren Ziele, Methoden und Inhalte angemessen?
- Was war erfolgreich, was nicht?
- Was macht den Fortschritt, Stillstand oder Rückschritt konkret aus?
- Wo stehen wir jetzt, wie soll es weitergehen?
- Was wollen wir als Team, was wollen die Eltern, was will (vermutlich) der Schüler?
- Welche neuen Prioritäten setzen wir?
- Was sollten wir neu vereinbaren?

Beispiel einer Dokumentation

Der folgende Dokumentationsbogen konkretisiert prototypisch die bisher angestellten Überlegungen. Er kann Gesprächsgrundlage für ein Kollegium sein, das auf dieser Basis ein eigenes passendes Dokumentationssystem entwickeln will.

Kollegiumsintern muss ein gemeinsames Förderplankonzept vereinbart werden. Wichtige Leitfragen dabei sind:

- Wie oft im Schuljahr sollte ein Förderplan mindestens erstellt und fortgeschrieben werden?
- Welche Erfahrungen einzelner Kolleginnen und Kollegen mit Förderplänen liegen vor, wie können diese Erfahrungen für alle nutzbar gemacht werden?
- Wie viele Schwerpunktsetzungen sollte er mindestens haben?
- Sollte er sich nur auf die Entwicklungsbereiche und/oder auch auf die Bereiche der Unterrichtsfächer beziehen?
- Wie sollte ein Formblatt aussehen, das alle Kolleginnen und Kollegen gemeinsam nutzen können?
- Wer erstellt den Plan mit wem in welchem zeitlichen Rahmen.
- (Wie) können Schüler und Eltern in die Planung einbezogen werden?
- Wo wird der Plan aufbewahrt?
- Wie kann sichergestellt werden, dass der Plan im Schulalltag eine gewinnbringende Rolle spielt und nicht im Ordner verstaubt?
- Wie weit können wir uns in Zeugnissen auf den Förderplan beziehen, wie weit kann er ausreichen, die jährliche sonderpädagogische Überprüfung zu verkürzen, bzw. zu ersetzen?
- Wie können wir es schaffen, dass dieses Förderplankonzept verbindlich von allen eingehalten wird?
- Ab wann sollte das Konzept gültig werden, wann sollte seine Praktikabilität evaluiert werden?

Sonderpädagogik profiliert sich weiter und dies konkretisiert sich gegenwärtig in der Entwicklung fachlich fundierter schulinterner Förderplankonzepte. Viele Schulen haben sich auf den Weg gemacht und ihnen sei zum Schluss der Ausführungen der folgende Satz mitgegeben:

Der Anspruch, dem komplexen individuellen Förderbedarf jeden Schülers gerecht zu werden ist wie ein Leitstern im Ozean unseres schulischen Alltags: Wir werden ihn nie erreichen, aber er weist unserer Arbeit genau dem Weg.

Literatur:
Eggert, D.: Von den Stärken ausgehen, Dortmund 1997.
Drave, W. u.a. (Hrsg.): Empfehlungen zur sonderpädagogischen Förderung, Allgemeine Grundlagen und Förderschwerpunkte (KMK), Würzburg 2000
Peterander, F. u. Speck, O.: Qualitätsmanagement in sozialen Einrichtungen, München, Basel 1999

Johannes Schuhmacher
Peldenhofweg 19
46509 Xanten

(Prototypisches) **Deckblatt eines Förderplanes** (nicht zwingend erforderlich)

- Name:
- Geb.:
- Anschrift:
- Adressat im Notfall:
- Schulbesuchsjahr:
- Medizinisches Behinderungsbild:
- "Schwerstbehindert" gem. § 8 VOSF wegen:
- Richtlinienorientierung nach GS HS LB GB
- Belastungen / Störungen
- Stärken / Interessen
- Therapien:
- Lagerung:
- Pflege::
- Notfallmaßnahmen:
- Medikamente:
- Spezifische Hilfsmittel:
- Spezifische Unterrichtsmittel
- Außerschulische Wirkfaktoren (Fam. Lebenssituation, Heim...):
- Notwendiges Eingreifen in Krisensituationen:
- Verantwortlichkeiten im Team
- Nicht vergessen:

(Prototypischer) **Förderplan** für ______________________ gültig von ______bis_______2003 Lehrer/innen:

Vorrangiger Förderbedarf (ankreuzen): □ Wahrnehmung □ Motorik □ Emotion □ Sozialverhalten □ Kommunikation □ Kognition □ Lern/Arbeitsverhalten, □ Sachunterricht, □ Lesen/Schreiben, □ Mathematik, □ Sport ......

Entwicklungsstand: **Stärken, Bedürfnisse, Probleme, Selbstwahrnehmung des SCH**	**Möglicher/notwendiger nächster Lernschritt** **Ziel des Schülers**	**Gestaltung der Lernsituation** **Einbindung in die Klasse** **Mitverantwortung des Schülers**	**Prozess-Beobachtungen des L, evtl. mit SCH**
Förderbedarf 1:			
Förderbedarf 2:			
....			

- □ (evtl) Therapie Lagerung...
- □ Bezug zur Gesamtklasse, z.B. Kleingruppe mit ...
- □ Vereinbarungen mit dem Schüler, mit den Eltern:
- □ Evaluation am: Ergebnis:

Marianne Schardt

Diagnostik und Förderung

Wer die Wirklichkeit
verändern will
muss zuerst versuchen,
die Wirklichkeit zu beschreiben.
Josef Pieper

Wir machen Ernst mit dem Anspruch, jedes Kind da abzuholen, wo es steht, das heißt für uns: Auf der Basis einer sorgfältigen Eingangsdiagnostik, in der wir für jedes Kind den Iststand ermitteln und den jeweils besonderen Förderbedarf feststellen, schreiben wir individuelle Förderpläne. Dieses Verfahren wird in regelmäßigen Abständen (zwei- bis dreimal im Jahr) wiederholt und dabei werden die Förderpläne über die gesamte Schulzeit hinweg fortgeschrieben. Dadurch wissen wir jederzeit, welches der augenblickliche Lernstand eines jeden Kindes ist, und wir sind in der Lage,

- seinen Lernzuwachs in Lernentwicklungsberichten genau zu beschreiben,
- die Förderpläne regelmäßig zu evaluieren, zu revidieren und zu ergänzen
- eine gezielte Elternberatung zu gewährleisten,
- durch zielgerichtete Beobachtung frühestmöglich qualifizierte Hilfen bei der Erschließung von Berufs- und Lebensperspektiven der Schülerinnen und Schüler zu leisten.

Jedes Kind da abholen, wo es steht - So machen wir das:

Jedes neu an die Schule kommende Kind arbeitet mit anderen zusammen über 12 bis 14 Stunden in unserer "Werkstatt Kunterbunt" (15 Stationen zur Eingangsdiagnostik). Dies bietet uns einen optimalen Freiraum für Beobachtung und erspart dem Kind das Gefühl der Testsituation. Die Ergebnisse der Eingangserhebung werden in detaillierten Fortschreibungsbögen festgehalten (Bögen zur Kognition, zum sozial-emotionalen Verhalten, zur Wahrnehmung und Motorik), die die spätere Verdeutlichung von Veränderungen und Fortschritten ermöglichen. So wird die Erstbeobachtung zum Beispiel in der Farbe blau markiert und das Datum wird vermerkt. Nach einigen Monaten erfolgt eine erneute differenzierte Beobachtung und die Ergebnisse werden in einer anderen Farbe festgehalten. Dadurch ist auf einen Blick der Lernzuwachs zu erkennen, aber auch Stagnation oder Rückschritte können so verdeutlicht werden.

Auf der Basis dieser Iststandsbestimmung wird für jedes Kind der ihm gemäße individuelle Förder- und Bildungsplan erstellt. Dieser Plan begleitet das Kind im Laufe seiner gesamten Schulzeit, von Klasse zu Klasse, von Lehrer zu Lehrer. Am Ende der Schulzeit wird der noch vorhandene Förderbedarf auf einer Karteikarte festgehalten und liegt bei der Berufsberatung als Grundlage der Gespräche vor.

Umsetzung der individuellen Förderpläne im Unterricht - So machen wir das:

Die individuellen Förderpläne für die Kernfächer Deutsch und Mathematik werden als Halbjahrespläne erstellt und mit den Eltern - wo immer möglich, auch mit der Schülerin bzw. dem Schüler - abgestimmt. Sie werden in Form von persönlichen Wochenplänen für jedes einzelne Kind umgesetzt. Dieses erfüllt die ihm im Plan erstellten Aufgaben weitestgehend selbstständig und in partnerschaftlicher Zusammenarbeit mit Mitschülern und Mitschülerinnen.

Die Arbeit wird unterstützt durch ein transparentes Ordnungssystem bezüglich der bereitgestellten Materialien So kann das Kind, der Jugendliche selbstgesteuert nach seinen jeweiligen Möglichkeiten, seinem persönlichen Arbeitstempo und auf seinen individuellen Lernwegen arbeiten und Lernfortschritte erzielen.

Die Ergebnissicherung erfolgt durch Markierungen im Halbjahresplan und daraus resultierende regelmäßige Fortschreibung der Iststände. Dies ermöglicht qualifizierte Beschreibung der Lernfortschritte und des erreichten Iststands in beschreibenden Zeugnissen und erleichtert zugleich die Offenlegung der Unterrichtsinhalte und der erreichten Förderung den Eltern gegenüber.

Prozessbegleitende Diagnostik und Förderung über die gesetzlich vorgeschriebene Schulzeit hinaus - So machen wir das:

Die Schüler und Schülerinnen der Schulen für Lernbehinderte haben über das Ende ihrer Pflichtschulzeit hinaus Anrecht auf Unterstützung und Begleitung beim Besuch des Berufskollegs, beim Ablegen von Prüfungen, usw., dessen Einforderung ihnen erleichtert wird, wenn ein entsprechender verbleibender Förderbedarf nachgewiesen ist.

Dieser Nachweis wird durch die konsequente Führung und Fortschreibung des Förderplans in überzeugender Form ermöglicht. So kann dem Schüler bzw. der Schülerin beim Verlassen der Schule der noch bestehende Förderbedarf in Form einer speziell gestalteten Karteikarte testiert werden. Dies bietet die Möglichkeit hoher Qualität der Festlegung und ggf. der Bewilligung weiterer Rehabilitationsmaßnahmen durch das Arbeitsamt.

Die detaillierten Fortschreibungsbögen für Deutsch, Mathematik, Arbeits- und Sozialverhalten, Materialien zur Werkstatt "Kunterbunt" einschließlich aller Spielpläne und Arbeitsblätter sowie das Konzept der Umsetzung im Unterricht erhalten Sie über unsere Schülerfirma "Pezzi-Medienvertrieb" auf einer CD-ROM.

Marianne Schardt
Kornblumenweg 16
52477 Alsdorf
02404-919374
m.schardt@gmx.de
PEZZIMedien@gmx.de

Ergebnisse der Arbeitsgruppe E und LB

In intensiver Diskussion der ca. 20 Teilnehmerinnen und Teilnehmer der Gruppe wurde zu folgenden Punkten Konsens erzielt:

1. Vorhandene Erfahrungen mit Förderplänen

- Förderplanarbeit ist dann erfolgreich, wenn sie vom Kollegium getragen wird.
- Förderpläne brauchen einen hohen Grad von Verbindlichkeit, Struktur und Systematisierung.
- Förderpläne müssen Werkzeuge der Qualitätssicherung sein.
- Förderpläne müssen so gestaltet sein, dass sie in unterschiedlicher Ausprägung die Einbeziehung von Erziehungsberechtigten, Schülern und Kooperationspartnern ermöglichen.

2. Feststellung des Förderbedarfs in Fachbereichen und Entwicklungsbereichen

- Gezielte Eingangsdiagnostik (standardisiert oder informell) unter Einbeziehung vorhandener Daten
- Festlegung vorrangiger Förderbedarfe (Individuum oder Gruppe)
- Gezielte Umsetzung von Fördermaßnahmen im Unterricht
- Evaluation der Förderplanung unter Einbeziehung aller am Erziehungsprozess Beteiligten

3. Praktikabilität und Ökonomie

- Förderplan kann als zentrales Dokument eine Vielzahl anderer Aufgaben ersetzen oder unterstützen (z.B. jährliche Überprüfung, Stellungnahme nach § 35 KJHG, Zeugnisse.
- Förderpläne steigern die Effektivität sonderpädagogischer Arbeit.
- Förderpläne sichern Kontinuität pädagogischer Arbeit durch Austausch mit anderen Schulen und Institutionen.

In der Diskussion wurden von den Gesprächsteilnehmerinnen und -teilnehmern weitere Gesichtspunkte betont, ohne dass diese in die Ergebnisse gezielt einflossen:

- Der Jetztstand in den Schulen, die bereits systematisch Förderpläne erstellen, war kein einmaliger Schritt, sie wurden über einen längeren Zeitraum pragmatisch entwickelt.
- Förderpläne müssen sein, sie sind Bestandteil unserer Strategie "Sonderpädagogische Förderung"!
- Förderpläne sind auch eine Dokumentation der Schüler- und der Lehrerleistung.
- Mit Erziehungsberechtigten und/oder Schülerinnen und Schülern Kontrakte schließen - der Abschluss sollte (muss) formal und ritualisiert erfolgen - nicht nur Inhalte sind bedeutsam.
- Bei Kontrakten mit Erziehungsberechtigten sollten Maßnahmen der Schule und Maßnahmen der Erziehungsberechtigten festgelegt werden.
- Teilnahme an Hilfeplangesprächen ist anzustreben.

- E-Schulen haben hinsichtlich der Erstellung von Förderplänen eine längere Tradition - meist aus kollegialer Fallberatung entstanden.
- An Lb-Schulen ist eher eine Kontinuität an der jeweiligen Schule gesichert - anders bei sogenannten "Durchgangsschulen".
- Die Erstellung von Förderplänen ist dann sinnlos, wenn keine Umsetzung erfolgt.
- Der angekündigte Erlass darf nicht den Eindruck erwecken, als sei dies für Sonderschulen "Neuland".
- Förderpläne sind keine pädagogischen Wunderwaffen.

Leitung: Manfred Diethert, Peter Rieger
Protokollierung: Gerhard Sittig

Ergebnisse der Arbeitsgruppe GB / KB / Sinnesgeschädigte

Die Arbeitsgruppe GB / KB / Sinnesgeschädigte wurde an beiden Tagen von ca. 12 - 15 Kolleginnen und Kollegen aller genannten Fachrichtungen besucht. Erfreulicherweise hatten einige der Teilnehmerinnen und Teilnehmer individuelle Förderpläne bzw. von ihren Kollegien entwickelte Förderplanraster aus ihren Schulen mitgebracht, so dass der Gruppe vielfältiges Anschauungs- und Arbeitsmaterial zur Verfügung stand und sich eine rege und fruchtbare Diskussion entwickeln konnte.

Resümierend lässt sich festhalten:
Alle vertretenen Schulen haben sich im Rahmen ihrer Schulprogrammarbeit auf den Weg gemacht, individuelle Förderpläne für ihre Schülerinnen und Schüler zu entwickeln. Unabhängig von der sonderpädagogischen Fachrichtung gleichen sich die Erfahrungen bei der Arbeit mit Förderplänen:

Überall wird eine erhöhte Arbeitsbelastung für die Sonderschullehrerinnen und -lehrer festgestellt.

Die Arbeit mit individuellen Förderplänen macht ein genaueres Beobachten und Diagnostizieren notwendig, was gleichzeitig Chancen für eine qualitative Verbesserung des Unterrichts bietet, gleichzeitig aber auch zeitliche und fachliche Probleme aufwirft.

Die individuellen Förderpläne können als Grundlage für Zeugnisse und die jährliche Überprüfung des sonderpädagogischen Förderbedarfs gemäß VO-SF genutzt werden und die Arbeit in diesem Bereich erleichtern.

Die Verzahnung von fachlichen Inhalten und individuellem Förderbedarf erweist sich teilweise als schwierig, diese Problematik wird besonders evident bei Schülern, die nach Regelschulrichtlinien unterrichtet werden. Insbesonders bei Schülerinnen und Schülern mit sonderpädagogischem Förderbedarf an allgemeinen Schulen, die im Rahmen einzelintegrativer Maßnahmen teilweise nur zwei Stunden wöchentlich sonderpädagogisch begleitet werden, ergeben sich häufig Probleme (zeitlich / Zuständigkeit) bei der Entwicklung, Fortschreibung und Umsetzung der individuellen Förderpläne.

Überall wird von einer qualitativen Verbesserung von Teamgesprächen und Elterngesprächen berichtet.

Intensiv wurden Möglichkeiten der praktischen Arbeit mit individuellen Förderplänen diskutiert:

Die Praktikabilität von individuellen Förderplänen und ihre Ökonomie kann durch knappe Strukturkonzepte, die bei gleichzeitiger Setzung von Prioritäten stichpunktartig bearbeitet werden können, gesichert werden.

Bei der Entwicklung und Fortschreibung der Förderpläne erweist sich die Arbeit im Team als arbeitserleichternd.

Wenn möglich sollten auch die Schüler einbezogen werden, dies gewährleistet Transparenz und erleichtert die Umsetzung.

Was für den Schüler wichtig ist, bestimmt den vorrangigen Förderbedarf. Dies gilt sowohl für Entwicklungs- als auch für die Fachbereiche, d.h. sowohl Lern- und Entwicklungstheorien als auch die jeweiligen Fachdidaktiken müssen bekannt sein.

Zur Evaluation der Förderpläne sind feste Vereinbarungen (Mindestmaß / fester Turnus / feste Termine) von Vorteil. Die Frequenz der Fortschreibung des individuellen Förderplans sollte dabei abhängig von der Entwicklung des jeweiligen Schülers sein.

Als Unterstützung zur Sicherung eines fachlich qualifizierten und praktikablen Förderplankonzepts wäre nach Meinung der Arbeitsgruppe GB / KB / Sinnesgeschädigte ein externes Beratungs- und u.U. Evaluationsangebot sowie begleitend zur Implementierung der neuen Richtlinien zu den Förderschwerpunkten ein Fortbildungsangebot zum Thema "Individuelle Förderpläne" über die Dezernate 46 der Bezirksregierungen bzw. das Landesinstitut hilfreich. Gewünscht wird hier allerdings nicht die Vermittlung eines fertigen Konzepts, sondern eher materielle Hilfen und Unterstützung in Form von Materialsammlungen, die bearbeitet und an die Bedürfnisse der eigenen Schule angepasst werden können.

Ebenso notwendig wäre das Angebot eines Fortbildungsbausteins "Diagnostik".

Da sowohl für die Entwicklung, Umsetzung und Fortführung eines praktikablen Förderplankonzepts als auch für den innerkollegialen Diskurs viel Zeit benötigt wird, wäre ein weiterer "pädagogischer Tag" pro Schulhalbjahr wünschenswert.

Für den Bereich des Gemeinsamen Unterrichts könnte der Abschluss eines verbindlichen Förderkontrakts zwischen Lehrern der Allgemeinen Schulen und Sonderschullehrern ein tragfähiges Förderplankonzept sichern helfen. Die Einführung solcher Förderkontrakte könnte durch die Aufnahme in den neuen Richtlinientext gestützt werden.

Protokoll: Susanne Bockau

CHRISTOPHORUSSCHULE, Waldenburger Ring 40, 53119 Bonn

Individueller Förderplan

für Schüler/in:
geb.:
Schulbesuchsjahr:
Anschrift:
Tel.:

Schuljahr: | **Klasse:**

Klassenteammitglieder:
Förderplan dokumentiert von:

☐ **Schwerstbehinderung nach § 8 VO-SF liegt nicht vor.**

☐ **Schwerstbehinderung nach § 8 VO-SF liegt vor:**
- ☐ **wegen einer Körperbehinderung die erheblich über die üblichen Erscheinungsformen hinausgeht**
- ☐ **Es liegen zwei oder mehr der Behinderungen**
  - ☐ hochgradige Körperbehinderung
  - ☐ Blindheit
  - ☐ Gehörlosigkeit
  - ☐ hochgradige Erziehungsschwierigkeit
  - ☐ geistige Behinderung

  vor.

Richtlinienorientierung:
(frühestens ab Klasse 3)
- ☐ Grundschule
- ☐ Hauptschule
- ☐ Schule f. Lernbehinderte
- ☐ Schule f. Geistigbehinderte
- ☐ Schwerstbehinderte

Anmerkungen:

Behinderungsbild:

Hilfsmittel:

Therapien u. behandelnder **Therapeut:**

Medikamente:

Notfallmaßnahmen:

Allgemeine Situation des Schülers / Besonderheiten: (besondere Stärken, Lebensumwelt, Verhalten u.a.)

Rahmenbedingungen für die sonderpädagogische Förderung

Schüler/in:

Schuljahr:

Personelle Rahmenbedingungen:

Pflegekräfte (individualhygienische Versorgung, Nahrungsaufnahme, etc.)

Medizinisches Personal (Sondieren, Katheterisieren, Dekubitusprofilaxe, medikamentöse Versorgung, Notfallsicherung, etc.)

Therapeuten (Krankengymnastik, Ergotherapie, Sprachtherapie, etc.)

Räumliche und sächliche Rahmenbedingungen

Individuelle Hilfsmittel (Rollstuhl, Sitzschale, Stehständer, Mieder, Schuhe, Lagerungsmaterial, Talker, etc.)

Besondere Einrichtungen (spezielle sanitäre Einrichtungen, Lifter, Lagerungshilfen, Hilfen zur Selbstversorgung, etc.)

Besondere Unterrichtsmittel (spezielle Unterrichts- und Fördermaterialien, spezielle Arbeitstische, Computer /-steuerung, Kommunikationshilfen, etc.)

Bitte *nicht* vorhandene, aber erforderliche Rahmenbedingungen durch Unterstreichen kenntlich machen!

Individueller Förderplan für: ______________________ **Zeitraum:** ____________

Förder- / Entwicklungsbereich bzw. **/-schwerpunkt:**

Gegenwärtiger Entwicklungsstand **Fähigkeiten, Motive, dringender Unterstützungsbedarf** (Berücksichtigung und Bezug auf vorangegangene Förderpläne, Darstellung der Kompetenzen der Schüler)	**Förderziele / -intentionen** **Angestrebte nächste Entwicklungszone**	**Konkrete Förderangebote** **Konkrete Lernangebote - Unterrichtsorganisation**

Individueller Förderplan für: ______________________ Zeitraum: __________

Vordringliche Förder- / Entwicklungsbereiche:
O Elementare Grundbedürfnisse / Pflege, O Motorik / Wahrnehmung, O Emotionalität und Sozialverhalten, O Sprache und Kommunikation, O Lebenspraktischer Bereich / Selbständigkeit, O (Spiel-) Lern- und Arbeitsverhalten, O weiterer Bereich:

Fächerbezogene Lernbereiche *(nur bei Bedarf):*
O Lernbereich Sprache / Lesen und Schreiben, O Lernbereich Mathematik, O weitere Lernbereiche:

Vereinbarungen mit der Schülerin / dem Schüler:

Vereinbarungen im Team:

Vereinbarungen mit den Eltern / den Erziehungsberechtigten:

Individueller Förderplan für: ______________________ Zeitraum: __________

Prozessdokumentation und Evaluation am:
eventuell weitere (blanko) Blätter anlegen!

Es besteht weiterhin sonderpädagogischer Förderbedarf im Sinne
☐ **des Förderschwerpunktes körperliche und motorische Entwicklung (§ 7)**
☐ **des Förderschwerpunktes:** ______________________
☐ Es besteht **kein** sonderpädagogischer Förderbedarf mehr

☐ **Schwerstbehinderung nach § 8 VO-SF liegt nicht vor.**
☐ **Schwerstbehinderung nach § 8 VO-SF liegt vor**

....
Ort, Datum

....
Unterschrift

Christian Widlak und Helma Witt (**Studienseminar Gelsenkirchen**)

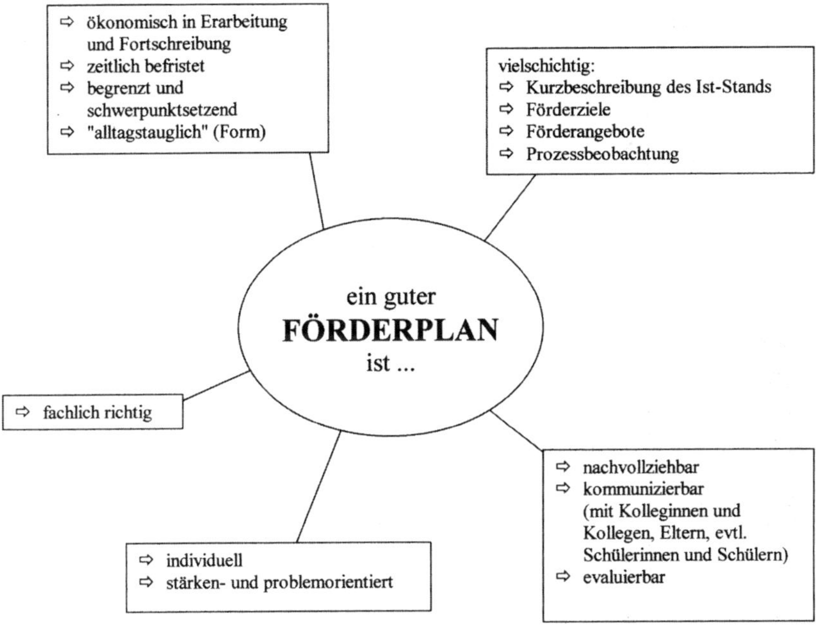

Vorschläge zur Vorgehensweise bei der Förderplanarbeit:
"Fallbesprechung" im Team
⇨ spontane unsystematische Nennungen von Förderbereichen, -zielen
⇨ systematisches Bedenken der Förderbereiche /-schwerpunkte (nach einer Gliederung z.B. gem. Ledl)
⇨ Festlegung **vorrangiger** Förderziele
⇨ Vereinbarung von konkreten Förderanlässen / -situationen
⇨ Formen der Überprüfung vereinbaren
Dokumentation in "alltagstauglicher" Form (z.B. auf Karteikarten)
Prozessbeobachtung - Fortschreibung
Evaluation im Team

Christian Widlak und Helma Witt: Förderplan

Förderplan

für

von ____________ bis ____________

Ist-Stand	Förderziele	Förderangebote (Inhalte / Bedingungen / Angebote)	Bereich

Christian Widlak und Helma Witt: Förderplan

Prozessbeobachtung	Evaluation

Adolf-Schulte-Schule - Diakon-Koch-Weg 3 - 44287 Dortmund

Förderplan für ______________________________

gültig von ________ bis ________ Lehrer/in: ____________________

Datum	**Aktuell vorrangige Förderschwerpunkte** Gegenwärtiger Entwicklungs- bzw. Lernstand	**Zielsetzung der Förderung** Angestrebte nächste Entwicklungs- bzw. Lernzone	**Maßnahmen zur Förderung** Lernangebote, Vereinbarungen/Lernorganisation	Datum	**Ergebnis der Förderung** Beobachtungen, Bemerkungen, Bewertung

Es besteht gem. § 14 Abs.1 VO-SF weiterhin sonderpädagogischer Förderbedarf im Förderschwerpunkt Lernen.

____

Datum Unterschrift

FÖRDERBEREICHE: ENTWICKLUNG - VERHALTEN

Arbeits- und Lernverhalten	Sozialverhalten	Wahrnehmung	Motorik	Emotionalität	Kognition	Sprache
Motivation Anstrengungsbereit- schaft Konzentration Durchhaltefähigkeit Methodenkompetenz Arbeitstempo Kooperationsfähigkeit Selbständigkeit Leistungsbereitschaft Verlässlichkeit Produktivität	Kontaktbereitschaft Kooperationsfähigkeit Regelverhalten Kritikfähigkeit Konfliktverhalten	Visuelle Wahrnehmung Auditive Wahrnehmung Taktil-kinästhetische Wahrnehmung Vestibuläre Wahrnehmung Körperwahrnehmung	Grobmotorik Feinmotorik Graphomotorik Körperhaltung Körperkoordination	Emotionale Stabilität Psychische Grundverfassung Selbstwertgefühl Selbstsicherheit Selbstkontrolle	Symbolverständnis Abstraktionsfähigkeit Transferfähigkeit Aufgabenverständnis Denkfähigkeit Merkfähigkeit/ Gedächtnis Situationsverständnis	Sprachfluss/ Aussprache Sprachverständnis Sprachfähigkeit Kommunikations- verhalten Sprachauffällig- keiten Dysgrammatismus

FÖRDERBEREICHE: UNTERRICHT – SCHULISCHES LERNEN

Deutsch	Mathematik	Weitere Lernbereiche	Arbeitslehre	Berufsvorbereitung
Wortschatz Mündlicher Ausdruck Lesen Schreiben/Rechtschreiben Schrift Schriftlicher Ausdruck Sprachreflexion Mündliche Kommunikation Schriftsprachgebrauch Spezielle Individualförderung (z.B. bei Autismus)	Pränumerischer Bereich Numerischer Bereich: - Zahlenraum - Sachrechnen - Kopfrechnen - Schriftliches Rechnen - Bruchrechnen - Dezimalbrüche - Prozentrechnung Maße und Gewichte Euro und Cent Zeit und Uhr Geometrie	Soziale Beziehungen Raum und Zeit Natur und Technik Kunst und Musik Sport und Bewegung Verkehrserziehung	Hauswirtschaft Technik Wirtschaft Freizeit Lebensplanung	Schülerbetriebspraktikum Projekte Schülerfirmen Schlüsselqualifikationen: - Reflexionsfähigkeit - Kommunikation - Kooperation - Handgeschicklichkeit - Durchhaltevermögen - Hilfsbereitschaft - Kritikfähigkeit - Frustrationstoleranz

Förderplan für :

Förderbedarf :

Geburtsdatum : Bekenntnis :

Wohnort :

Ansprechpartner :

Tel. :

Datum des VOSF :

§8	☐ ja	☐ nein	Dat. :
GU	☐ ja	☐ nein	Dat. :

Einschulung	Gesetzlich :	Tatsächlich:

Behinderungsbild :

Besonderheiten (med. Angaben , Medikamente , etc.) :

Fördermaßnahmen:

Außerschulische Maßnahmen (z.B. : Jugendhilfe , Therapie , Verein)

Förderbereich (z.B. : Wahrnehmung, Soziabilität , Emotionalität , Motorik , Mathematik , etc.)

Familiäre Situation / Umfeld

Individuelles zum Schüler , persönliche Dinge des Schülers

Therapieplan

Hier Förderbereich einsetzen !			
Zeitraum :	Von	bis	
Ist	Soll / Ziel	Organisation (Wie)	Evaluation

Name: **gültig von:** **bis:** **Team:**

Ausgangslage und Begründung des Förderschwerpunktes	Entwicklungschancen	Lernangebote und –formen	Prozessbeobachtungen (evtl. Beiblatt)

Vereinbarungen ggf. mit Team, Eltern, Schüler:	Evaluation am:

Name: **Alter:** **Schuljahr:** **Klasse:** **Datum:**

Praktische Kompetenz	Kulturtechnische Kompetenz	"Allgemein" Wissen	Freizeit-Kompetenz	Selbständige Lebensführung

Selbst-Wahrnehmung	Interessens-entwicklung	(Kreative) Ausdrucksfähigkeit	Ausdauer-vermögen	Sozial-verhalten	Selbst-organisation

Wahrnehmung	Neugierhaltung	Kommunikationsfähigkeit

"Arbeitskreis Förderpläne" des Schulamtes für den Kreis Unna und des Schulamtes für die Stadt Hamm

Förderdiagnostisches Inventar für Schülerinnen und Schüler mit besonderen Lernbedürfnissen

Vor nun gut neun Jahren markierten die KMK - Empfehlungen zur sonderpädagogischen Förderung den deutlichen Bruch mit der bis dato gültigen Vorstellung, sonderpädagogische Arbeit könne nur in den dafür vorgesehenen spezialisierten Einrichtungen geleistet werden. Mit den neuen Empfehlungen akzentuierte man nun vielfältige Varianten sonderpädagogischer Förderung in weitgehend fachgerechten und nach Möglichkeit wohnortnahen Formen.

In der Praxis, so werden Sie sich ggf. erinnern, zeichnete sich diese Entwicklung schon deutlich vorher ab. Vornehmlich skandinavischen Modellen folgend, artikulierte sich auf vielen Wegen der Wunsch vieler Eltern behinderter Kinder nach integrativer Beschulung.

Der eigentlich recht alte heilpädagogische Begriff der "Förderung", ein in Lehre und Forschung stets offener Begriff für Entwicklung, entfernte sich von den bis dato traditionellen, dualen Beschulungsformen hin zu vielfältigeren Formen und Konzepten sonderpädagogischer Förderung, die, ganz nebenbei, bis heute inhaltlich und organisatorisch in den Bundesländern z.T. äußerst kontrovers diskutiert und gehandhabt werden.

Und so beschreiben neuere Konzeptionen einer *Förderschule* oder eines *sonderpädagogischen Förderzentrums* sowohl Wege der pädagogischen Arbeit in einer Stammschule (Sonderschule) als auch in ambulanten, kooperativen Fördermaßnahmen in den allgemeinen Schulen.

Bundesweit einheitlich aber ist man, nicht nur wegen der begrifflichen Vorteile, derzeit darum bemüht, die "*Schule für Lernbehinderte*" in eine "*Förderschule*" oder gar in einigen Bundesländern in ein "*Förderzentrum*" umzuwandeln, in dem neben den Schülern mit Lernbehinderungen auch Schüler mit anderen Behinderungen unterrichtet und erzogen werden.

Im Zentrum des Bemühens steht stets der Schüler mit seinen *individuellen Förderbedürfnissen* und es gilt nach wie vor der Grundsatz, "den Schüler dort abzuholen, wo er steht".

"Wo aber genau steht er?"

Um das erfahren zu können, bedarf es eines systematischen, passgenauen und objektivierten Feststellungsverfahrens mit entsprechender Dokumentation, um dann, aufgrund der in der Auswertung gewonnenen Kenntnis, *individualisierte Fördermaßnahmen* und *Förderpläne* entwerfen und strukturieren zu können.

Dieser Notwendigkeit folgen auch die neuen Richtlinien für die "*Sonderpädagogische Förderung in NRW*", die bereits in Kürze einen *Förderplan für jeden sonderpädagogisch geförderten Schüler* verlangen.

Ein 'Blick über den Zaun' verdeutlicht, dass gemäß der Handreichung "Schwächen abbauen - Stärken fördern" alle Schülerinnen und Schüler der Primarstufe und der Sekundarstufe I, deren Versetzung gefährdet ist, bereits zum Ende des Schulhalbjahres 2003/2004 eine *individuelle Lern- und Förderempfehlung* erhalten! (vgl. Amtsblatt NRW 15.9.03)

Folgende für uns relevante Festlegungen sind u.a. in der Rahmenvorgabe in Kap. 2 erfolgt:

- Der individuelle Förderplan ist für die Entwicklung und Sicherung der Qualität sonderpädagogischer Förderung unverzichtbar!
- Die Ergebnisse der theoriegeleiteten Diagnostik werden in ein pädagogisches Konzept eingebunden.
- Die Lehrerkonferenz stimmt die Struktur zur Entwicklung und Fortschreibung der Förderpläne ab. (Vgl. Heidenreich 2003)

Um das Feld der neuen Vorgaben ein wenig zu erschließen, um eine Vergleichbarkeit wenigstens auf Schulamtsebene zu erreichen und der berechtigten Forderung nach Qualität der sonderpädagogischen Arbeit und deren Sicherung zu entsprechen, war es das Ziel der Arbeitsgruppe, die künftige Förderplanarbeit für die Kollegien partiell vorzubereiten und sie auf den Weg zu bringen.

Hinweise zu den vorliegenden Erhebungen

Nach reiflicher Überlegung und Diskussion und unter ständiger Berücksichtigung der Gesichtspunkte der 'Praktikabilität' und 'Ökonomie', entschied sich die Arbeitsgruppe für die nachfolgende Form der *'Istzustandserhebung'* (Förderdiagnose) in den Bereichen der emotionalen, sozialen und fachlichen Entwicklung eines Schülers mit besonderen Lernbedürfnissen.

Das dafür vorgesehene methodische Verfahren, eine Art 'multiple choice', erspart im Einzelfall das Verfassen ausformulierter Leistungs- und Verhaltensbeschreibungen im Vorfeld eines Förderplans. Die sachlogisch aufgebauten, sorgfältig ausgewählten und zusammengestellten Items, die z.T. bewährten fachliterarischen Vorgaben (siehe Literaturliste) entliehen wurden, verlangen in allen Erfassungsbereichen Beurteilungen, die halbjahresweise (spätestens Herbst bzw. Ostern) **nach Schulbesuchsjahren** geordnet in ein feststehendes Antwortraster mit den Kategorien "trifft zu; (trifft teilweise zu), trifft nicht zu" zu übertragen sind.

Um den roten Faden dieser Vorgehensweise nicht zu verlieren und um eine positive Aussage (trifft zu) auch in deren Bewertung grundsätzlich positiv halten zu können, provozierten einige Items eine gewisse 'Ausdrucksakrobatik', die aber vonnöten war, um stringent auf Kurs zu bleiben. Auf diese Art und Weise können die notwendigen Daten und Fakten in allen Erfassungsbereichen verständlich, relativ un-kompliziert und relativ ökonomisch zusammengetragen, erfasst und ausgewertet werden.

Nachfolgende Förderbereiche wurden berücksichtigt:

- Emotionalität (s.S. 49)
- Sozialverhalten (sozial-emotionaler Bereich) (s.S. 50-51)
- Wahrnehmung (einschließlich Motorik) (s.S. 52-58)
- Praenumerik, Geometrie und Arithmetik (s.S. 59-87)
- Deutsch (Sprache) (s.S. 88-91)

Wenn auch das Gesamt der Items im ersten Zugriff der Dinge ein wenig erschrecken mag, so relativiert sich, bei genauerer Beschäftigung mit dem Verfahren, der Arbeitsaufwand für den einzelnen Schüler.

Einige Gebiete sind nur im Primarstufenbereich bzw. nur im Sekundarstufenbereich angesiedelt, trotzdem wurde für alle Themen das 10-Klassen-Raster verwendet, da es einige Bereiche gibt, die sowohl in der Sekundarstufe als auch in der Primarstufe zu finden sind.

Als exemplarisch für diese Aussage mag die Feststellung gelten, dass sich das Lernprofil eines Schülers im Primarbereich in der Regel völlig anders beschreibt als das eines Schülers älterer Jahrgangsstufen. Folglich bedarf es, jährlich aufsteigend, jeweils nur der Bearbeitung eines Teils des vorliegenden 'Gesamtpaketes' im Schuljahr.

Konkrete Hinweise zur Auswertung bzw. Förderplangestaltung

Die Ist-Stand-Erhebung im Fach Mathematik orientiert sich an dem Testverfahren "Schüler-fehler bei schriftlichen Rechenverfahren" von Hans-Dieter Gerster. Hier sind die wesentlichen Schritte aufgeführt, die für die Beherrschung der schriftlichen Rechenverfahren notwendig sind. Die Items der Ist-Stands-Erhebung decken sich mit den Items des Diagnoseverfahrens nach Gerster[1].

Mit der abgeschlossenen Feststellung des 'Istzustandes' erfolgt ein maßgeblicher und sehr umfangreicher Schritt in Richtung Förderplan. In Analogie dazu gilt es nun, individuelle Förderpläne mit Förderschwerpunkten (vordringlichen Aspekten eines Förderbereiches) und Förderzielen zu erstellen und Strategien für die unterrichtliche und erzieherische Arbeit festzulegen.

Nur die Bereiche, die einer besonderen Förderung bedürfen (maximal 3), werden in den Förderplan aufgenommen.

Als unterstützende Hilfe mag dazu der Förderplanvordruck im Anhang gelten, der jeweils für einen Förderschwerpunkt gedacht ist und die Rubriken Lernausgangslage, Zone der nächsten Entwicklung, didaktische und methodische Maßnahmen sowie Medien und Materialien enthält.

[1] Das Diagnoseverfahren nach Gerster konnte hier nicht abgedruckt werden. Es ist jedoch auf unserer CD dokumentiert (s.u.).

Literatur:

Gerster, H.-D.: Schülerfehler bei schriftlichen Rechenverfahren - Diagnose und Therapie. Freiburg 1982

Heidenreich, R.: Entwicklung von Förder-konzepten für Schülerinnen und Schüler mit sonderpädagogischem Förderbedarf aus Sicht der Schulaufsicht. In: Sonderpädagogische Förderung in NRW, H. 2/2003, S. 12 - 14

Kretschmann, R. u.a.: Prozessdiagnose der Schriftsprachkompetenz in den Schuljahren 1 und 2, Horneburg 1998

Kretschmann, R.: Leitfaden für Förder- und Entwicklungspläne. In: Zeitschrift für Heilpädagogik, H.9/1999, S. 410 - 420

Kutzer, R.: Mathematik entdecken und verstehen, Band 1, Lehrerband, Frankfurt 1983

Kutzer, R.: Mathematik entdecken und verstehen, Band 1, Kommentarband, Frankfurt 1998

Schardt, M.: Diagnostik und Förderung. In: Sonderpädagogische Förderung in NRW, H. 2/2003, S. 27-28

Christophorusschule Bonn: Förderpläne für alle Schülerinnen und Schüler mit sonderpädagogischem Förderbedarf. In: Sonderpädagogische Förderung in NRW, H. 2/2003, S. 63 - 70

May, P.: Hamburger Schreibprobe, Handbuch, 6. erw. Aufl., Hamburg 2002

Radatz, H., Rickmeyer, K.: Handbuch für den Geometrieunterricht an Grundschulen, Hannover 1991

Radatz, H. u.a.: Handbuch für den Mathematikunterricht, Klasse 1, Hannover 1996

Radatz, H. u.a.: Handbuch für den Mathematikunterricht, Klasse 2, Hannover 1996

"Arbeitskreis Förderpläne" des Schulamtes für den Kreis Unna und des Schulamtes für die Stadt Hamm
Mitglieder der Arbeitsgruppe:
Bianca Klose; Bernd Scheungrab; Friedrich Schulze; Gabriele Vorwerk; Dirk Wasmuth; Manfred Wefelmeier †

Die auf den folgenden Seiten abgedruckten Tabellen stellt der Arbeitskreis auch als pdf-Dateien auf einer CD zur Verfügung. Diese CD enthält zusätzlich Materialien zum Diagnoseverfahren nach Gerster. Sie kostet 15,00 Euro incl. Porto und ist erhältlich bei:

Dirk Wasmuth
Bahnstr. 57
44532 Lünen

Tel. 02306/43558
Fax 02306/43563

Emotionalität

(trifft nicht zu **—**, trifft teilweise zu **O**, trifft zu **+**)

____
Name

1. Wahrnehmung von Emotionen	1	2	3	4	5	6	7	8	9	10
– kann eigene Emotionen erkennen und benennen										
– kann Ursachen und Folgen von Emotionen kennen und verstehen										
– kann Emotionen wahrnehmen										

2. Emotionen äußern										
– kann eigene Gefühle zum Ausdruck bringen										
– kann situationsangemessen reagieren										
– kann anderen gegenüber positive Gefühle ausdrücken										
– kann anderen gegenüber negative Gefühle sachlich ausdrücken										

3. emotionale Stabilität										
– zeigt positive Einstellungen										
▪ zu sich selbst										
▪ Familie										
▪ Schule										
– kann Provokationen als solche erkennen und aushalten										
– kann Verhalten anderer einschätzen und akzeptieren										

4. emotionale Grundhaltung										
– ist ausgeglichen										
– ist nicht leicht erregbar										
– ist nicht phlegmatisch (ist einsatzfreudig, zeigt Initiative)										

Sozialverhalten

(trifft nicht zu **—**, trifft teilweise zu **O**, trifft zu **+**)

____
Name

1. Kontaktbereitschaft	1	2	3	4	5	6	7	8	9	10
– Kontaktaufnahme aus eigenem Antrieb zu Erwachsenen										
– Kontaktaufnahme aus eigenem Antrieb zu Mitschülern										
– Kontaktaufnahme über Gesten, Mimik, Körperkontakt										
– Kontaktaufnahme über Sprache										
– kann Distanz halten										
– ist freundlich, zutraulich, ungezwungen zu Lehrkräften										
– ist freundlich, zutraulich, ungezwungen zu Kindern										
– spielt mit anderen Mitschülern										
– isoliert sich nicht in der Klasse										
– kümmert sich um Mitschüler										
– geht unvoreingenommen mit anderen um										
– geht vorurteilsfrei mit Mitschülern aus anderen Nationen um										
– kann sich mit anderen freuen oder traurig sein										

2. Kooperationsfähigkeit										
– ist anderen gegenüber tolerant										
– kann Rücksicht üben										
– kann sich durchsetzen und zurücknehmen										
– kann sich in andere hineinversetzen										
– kann nebeneinander arbeiten (Einzelarbeit)										
– kann miteinander arbeiten (mit bevorzugten Partnern)										
– kann miteinander arbeiten (mit beliebigen Partnern)										
– kann miteinander arbeiten (Gruppenarbeit)										
▪ bringt sich aktiv ein										
▪ handelt mit anderen gemeinsam, erkennt und übernimmt Teilaufgaben										
▪ kann eine Sprecherrolle einnehmen										

3. Regelverhalten										
– kann Regeln anwenden (bezogen auf)										
▪ Selbstkontrolle										
▪ Klassenregeln										
▪ Pausenregeln										
▪ Schulregeln										
▪ Spielregeln										
▪ Gesprächsregeln										

Sozialverhalten - *Forts.*

(trifft nicht zu —, trifft teilweise zu **O**, trifft zu **+**)

____

Name

4. Kritikfähigkeit	1	2	3	4	5	6	7	8	9	10
– kann Kritik anhören										
– kann Kritik annehmen und umsetzen										
– kann einer Kritik erwidern										
– kann kompromissbereit und nachgiebig sein										
– kann konstruktiv Kritik üben										

5. Konfliktverhalten										
– Affektkontrolle bei eigener Betroffenheit										
– kann eigene Meinungen/Handlungen verbal verteidigen										
– kann sich mit Begründungen beschweren										
– kann angstfrei Wünsche äußern										
– mischt sich in Konflikte anderer im Sinne von Streitschlichtung/Beruhigung ein										
▪ verbal										
▪ körperlich/handgreiflich										
– verfügt über Konfliktlösungsmuster										
– kann eigenes nicht angemessenes Verhalten erkennen, zugeben										
– sucht die Schuld/Ursache für eigenes nicht angemessenes Verhalten nicht bei anderen										
– kann sich angemessen verteidigen										

Wahrnehmung – *Forts.*
(trifft nicht zu —, trifft zu +)

Name

Wahrnehmung
(trifft nicht zu —, trifft zu +)

Name

1. Taktile Wahrnehmung	1	2	3	4	5	6	7	8	9	10
– zeigt kein Flucht und Abwehrverhalten bei einer Annäherung, besonders dann, wenn die Berührung von hinten erfolgt										
– zeigt kein Abwehrverhalten durch die Nutzung von Schimpfworten										
– hat keine plötzlichen, unerklärlichen Wutausbrüche in der Schule, besonders in Gruppensituationen										
– zeigt kein weinerliches, ängstliches Verhalten										
– fühlt sich nicht oft bedroht										
– zeigt ohne erkennbaren Anlass kein aggressives Verhalten gegen Mitschülerinnen und Mitschüler										
– zeigt ohne erkennbaren Anlass kein aggressives Verhalten auch gegen Erwachsene										
– beruhigt sich durch Zuwendung										
– zeigt kein distanzloses Verhalten										
– zeigt sich selbstsicher										
– hantiert ohne größere Probleme (Ekel / Vermeidung) mit vielen Materialien										
– berührt nicht alle Dinge ständig mit den Händen oder mit dem Mund										
– hängt nicht an bestimmten Gewohnheiten oder Gedanken										
– zeigt bei der Veränderung von Strukturen (Sitzordnung, Tagesablauf, Umstellung von Möbeln, plötzliche Veränderung von Plänen) keine außergewöhnlichen Reaktionen										

2. Kinästhetische Wahrnehmung										
– gerät nicht leicht in Rangeleien, weil sie / er andere Kinder unabsichtlich anstößt										
– verläuft sich, in bekannter Umgebung nicht										
– verläuft sich, auch in unbekannter Umgebung nicht										
– kann Ordnung machen und Ordnung halten										
– lernt Buchstaben leicht										
– die Buchstaben bleiben auch nach längerem Schreiben formstabil										
– die Buchstaben behalten eine Größe und zeigen in eine Richtung										
– kann eine Form mit beiden Händen gleichzeitig ertasten und zuordnen										
– kann Formen einer Negativform ohne Fehler zuordnen										
– hat eine angemessene Kraftdosierung und Bewegungssteuerung										
– kann Bewegungen plötzlich anhalten										

Wahrnehmung – *Forts.*
(trifft nicht zu —, trifft zu +)

Name

... kinästhetische Wahrnehmung	1	2	3	4	5	6	7	8	9	10
– kann Strecken schätzen										
– malt, ohne die Begrenzungslinien zu überschreiten										
– erträgt auch starke Veränderungen der aufrechten Position										
– kann ständige Untergrundveränderungen unbewusst ausgleichen										
– beherrscht differenzierte Fingerbewegungen										
– zieht komplizierte Kleidungsstücke an										

3. Vestibuläre Wahrnehmung

– braucht keine ständige vestibuläre Stimulation										
– benutzt beide Hände angemessen										
– hat keine Probleme mit dem Gleichgewicht										
– erträgt es, wenn es zufällig angestoßen wird (Angst das Gleichgewicht zu verlieren)										
– zeigt keine Vermeidungs- bzw. Selbstunterforderungstendenzen										
– hat keine Neigung zur Weinerlichkeit										
– überspielt keine Situation oder kaspert herum										
– muss normalerweise nicht nachfragen, wenn es angesprochen wurde										
– vergisst das Gesagte nicht sofort wieder										
– hat keinen Zehenspitzengang										
– keine Henkelstellung und Ruderbewegungen der Arme										
– benutzt die Geräte auf dem Spielplatz oder in der Turnhalle freiwillig										
– ist ständig in Bewegung, kriegt aber alles mit										
– ist nicht ständig in Bewegung										
– kann abwarten										
– kann in der Reihe stehen, ohne andere Kinder anzustoßen										
– kann laut vorlesen ohne sich bewegen zu müssen										
– ist nach der großen Pause nicht unruhiger als vorher										
– kann Zuneigung zeigen ohne andere zu bedrängen										
– kann mit angemessenem Druck schreiben										
– die Schrift bleibt in der Lineatur										
– die Kraftdosierung in den Händen ist angemessen										

Wahrnehmung – *Forts.*
(trifft nicht zu —, trifft zu +)

Name

4. Körperorientierung	1	2	3	4	5	6	7	8	9	10
– dreht das Arbeitsblatt bei Richtungsänderungen nicht										
– ändert beim Schreiben oder Zeichnen die Körperhaltung nicht										
– wechselt die Hand beim Überkreuzen der Körpermitte nicht, wenn Diagonalen gezeichnet werden										
– zeichnet Linien, die in der Strichstärke gleich bleiben, auch wenn die Körpermitte überschritten wurde (Druckverlust)										
– zeichnet Linien, die nicht fallen oder steigen, wenn die Körpermitte überschritten wurde (Richtungsverlust)										
– hält das Blatt / Heft mit der nichtschreibenden Hand fest										
– schreibt, rechnet und zeichnet von links nach rechts										
– schreibt Buchstaben oder Zahlen nicht seitenverkehrt										
– erlernt die Schreibschrift ähnlich problemlos wie die Druckschrift										
– fällt das Überkreuzen und / oder das Zurückfuhren des Stiftes nicht schwer (Schreibschrift)										
– kann Umrisse von Gegenständen nachzeichnen										
– kann Umrisse von Dreiecken nachzeichnen										
– zerstört „Bauwerke" nicht durch ungeschickte Bewegungen mit dem Körper oder den Händen										
– kann beidbeinig Hüpfen										
– kann mit einem Ball werfen										
– kann mit einem Ball fangen und zielen										
– seine Kleidungsstücke nicht verkehrt herum an										

5. Praxie										
– kann Bilder logisch nach Vorgängen ordnen										
– kann Auftragsketten behalten und in der richtigen Reihenfolge ausführen										
– kann die Reihenfolge von Rechenschritten behalten und sie bei bedarf abrufen										
– kann sich die Folgen seiner Handlung vorstellen und deshalb mögliche Gefahren ein- und abschätzen										
– kann Handlungsfolgen organisieren, weil es eine Vorstellung vom Ergebnis hat										
– kann Handlungsfolgen ohne visuelle Kontrolle beschreiben										
– kann Personen und Gegenstände finden, wenn der Ort, wo sie zu finden sind, nur verbal erklärt wird										
– beherrscht die Leserichtung (Lesekonvention)										
– hat die Form von Buchstaben in ihrer Raum - Lage gespeichert und kann ähnliche Formen unterscheiden										

Wahrnehmung – *Forts.*
(trifft nicht zu —, trifft zu +)

Name

… Praxie	1	2	3	4	5	6	7	8	9	10
– erkennt den Lautwert der Buchstaben richtig und kann sie zu einem Wort synthetisieren										
– kann fremde Texte allein erlesen (technisch)										
– kann selbstgelesene Texte und Gedichte gut behalten										
– hat keine handwerklichen Schwierigkeiten beim Abschreiben von Aufgaben von der Tafel										
– versteht tägliche Abläufe und Strukturen schnell										
– bastelt und schneidet gern										
– kann nach Vorlage bauen										
– kann verschiedene Bewegungen miteinander koordinieren (z.B. singen und dazu klatschen; gehen und einen Ball fangen)										
– kann mehr als 4 mal ein Seil beidbeinig überhüpfen										

6. Visuelle Wahrnehmung

Visuomotorische Koordination										
– greift mit der Hand zielgenau (keine Richtungskorrektur)										
– er hat keine Schwierigkeiten im graphomotorischen Bereich										
– hat keine Schwierigkeiten beim Schneiden mit der Schere										
– das Auge führt die Hand bei der Bewegungsausführung										
Figur- Grund- Wahrnehmung										
– hat keine Konzentrationsprobleme										
– ermüdet nicht schnell										
– hat bei allen Aufgaben keinen höheren Zeitbedarf										
– kann wesentliche von unwesentlichen Dingen unterscheiden										
– erkennt Zeichen und Formen unhabhängig von Schrift- und/oder Hintergrundfarbe										
Formkonstanz										
– reagiert nicht nur auf einzelne Aspekte einer Sache (z.B. Größe, Form, Farbe)										
– kann Dinge nach Gestaltmerkmalen differenzieren										
– erkennt geometrische Grundformen										
– kann unterschiedliche Größen unterscheiden										
– kann eine Figur aus einer Reihe ähnlicher Figuren herausfinden										

Wahrnehmung – *Forts.*

(trifft nicht zu —, trifft zu +)

Name

... visuelle Wahrnehmung	1	2	3	4	5	6	7	8	9	10
Lage im Raum / Beziehungen im Raum										
– findet sich in bekannter Umgebung problemlos zurecht										
– kann Arbeitsblätter strukturieren										
– kann Präpositionen der Raumlage sicher anwenden										
– kann rhythmische Abläufe sicher nachvollziehen										
– verdreht Zahlen und Buchstaben nicht										
– beherrscht die Raumrichtungen										
– kann Ordnung in seinen Arbeitsmaterialien halten										

7. Auditive Wahrnehmung

	1	2	3	4	5	6	7	8	9	10
Schalllokalisation										
– kann die Schallquelle im Raum lokalisieren und finden										
– kann einer sich bewegenden Schallquelle mit verbundenen Augen folgen (z.B. Klingelball)										
Phonematische Differenzierung										
– verwechselt im eigenen Sprechen ähnlich klingende Laute (z.B. g und d, k und t) nicht										
– verwechselt ähnlich klingende Laute beim Diktatschreiben nicht										
– erkennt Klangähnlichkeiten bei Reimwörtern (z.B. Haus-Maus) (vgl. Wahrnehmungskonstanz)										
Figur- Grundwahrnehmung										
– kann akustische Reize aus einer lauten Geräuschkulisse herausfiltern										
– nimmt die Anweisungen der Erzieherin oder des Lehrers, die an die gesamte Gruppe gerichtet sind auf										
– durch akustische Reize nicht leicht von der momentanen Aufgabe abzulenken										
Wahrnehmungskonstanz										
– erkennt einen Laut, einen Buchstaben oder ein Wort in einem größeren gesprochenen oder geschriebenen Text wieder										
– kann einfache Reime fortsetzen (siehe auch phonematische Differenzierung)										
– braucht keinen Hinweis auf den Reim um ein Gedicht lernen zu können										
– kann ein auswendig gelerntes Gedicht betont aufsagen und dazu den Reim nutzen										

Wahrnehmung – *Forts.*
(trifft nicht zu —, trifft zu +)

Name: ______________________

... auditive Wahrnehmung	1	2	3	4	5	6	7	8	9	10
– kann den Inhalt des Gedichtes richtig wiedergeben										
– hat keine verkürzte Hör - Gedächtnisspanne										
– kann 2 Aufträge behalten und ausführen										
– kann mehr als 2 Aufträge behalten und ausführen										
– fragt nicht häufig nach, weil es nicht genau weiß, was es machen soll										
– schreibt die Sätze beim Diktat vollständig (die ersten oder letzten Worte eines Satzes fehlen nicht)										
– schreibt auch am Ende eines Satzes richtig										
– kann sich kurze Gedichte und Reime merken und nachsprechen										
– macht kaum Fehler beim "Kofferpackspiel" (Sequenzgedächtnis)										
– es gelingt, eine vorgegebene Reihenfolge mit verschiedenen Musikinstrumenten nachzuspielen (Sequenzgedächtnis)										
– kann sich beim Kopfrechnen auch Kettenaufgaben merken (Sequenzgedächtnis)										
– kann einem Klangbild eindeutig ein Schriftbild zuordnen (z.B. Laut [a] zum Buchstaben A); auditiv – visuelle Koordination										
Lautanalyse und Lautsynthese										
– das Abbauen von Wörtern und Sätzen bereitet keine Schwierigkeiten ("auf der Mauer, auf der Lauer sitzt 'ne kleine Wanze")										
– es gelingt, einzelne Laute in Wörtern zu lokalisieren										
– es fällt nicht schwer, einzelne Buchstaben zu einem Wort zusammen zu lesen										
– kann einzelne Laute isoliert bilden										
kann sie auch in einem Wort mit anderen Lauten zusammen korrekt sprechen										
altersgemäße rhythmisch - melodische Differenzierung										
– kann Verse und Reime rhythmisiert sprechen										
– kann ein Lied ohne Melodie klatschen										
– kann Wörter trennen										
– kann einfache Rhythmen nachklatschen										
– kann einfache Melodien aufnehmen und nachsingen										

Wahrnehmung – *Forts.*
(trifft nicht zu —, trifft zu +)

Name

... auditive Wahrnehmung	1		2		3		4		5		6		7		8		9		10	
altersentsprechende Ergänzungs- und Antizipationsfähigkeit																				
– kann unvollständige Wörter und Sätze ergänzen																				
– kann angefangene bekannte Lieder oder Melodien fortführen																				
– kann Spiele wie "Galgenmännchen" gut																				
– kann Nonsenswörter oder Nonsenssätze korrigieren																				
– hat keine Verständnisschwierigkeiten, wenn Begriffe in einer übertragenen Bedeutung verwendet werden (Codier- oder Decodierfähigkeit)																				
– beherrscht die Begriffsbildung auch bei nicht-gegenständlichen Wörtern (z.B. bei Präpositionen) (Codier- oder Decodierfähigkeit)																				
– hat kaum Schwierigkeiten bei Spielen wie "Teekesselraten" oder "Ich sehe was, was du nicht siehst" (Codier- oder Decodierfähigkeit)																				
– versteht Scherze oder Wortspielereien (Codier- oder Decodierfähigkeit)																				
– kann dem Stimmklang, der Satzmelodie emotionale Inhalte entnehmen																				
– fällt es nicht schwer, stimmliche Gefühlsäußerungen (z.B. Lachen, Weinen, Zorn) richtig zu deuten (Wahrnehmung emotionaler Inhalte)																				
– kann eine Frage allein durch die Satzmelodie zu erkennen																				

Praenumerik – *Forts.*
(trifft nicht zu —, trifft zu +)

Name

Praenumerik

(trifft nicht zu —, trifft zu +)

Name

1. Erkennen und benennen von Eigenschaften	1	2	3	4	5	6	7	8	9	10
– kann mit geometrischen Körpern ihren Eigenschaften entsprechend hantieren										
– kann durch Auflegen gleiche oder ungleiche Elemente unterscheiden										
– kann Elemente vorgegebenen Mustern zuordnen										
– kann nach Eigenschaften sortieren (Kategorien bilden)										
– versteht Eigenschaftswörter, die die Elemente beschreiben										
– benennt die Eigenschaften von Elementen										
– kann auf Grund von Eigenschaften bestimmen, welche Elemente zu einer Menge gehören										
– kann einer vorgegebenen Reihe von Elementen eine gleichmächtige Reihe zuordnen										
– beurteilt Mengen mit Hilfe der Kategorien mehr, weniger, gleich viele Elemente										
– vergleicht Mengen nach der Mächtigkeit, ohne sich von der Anordnung der Elemente beirren zu lassen										
– vergleicht die Mengen nach ihrer Mächtigkeit, ohne sich von der Art und Größe der Elemente beirren zu lassen										
– kann Mengen ihrer Mächtigkeitsklasse zuordnen.										
– kann Teilmengen zerlegen und vereinigen										
– kann die Mächtigkeit einer Menge um 1 erhöhen oder vermindern										
– erkennt die Entstehung neuer Zahleigenschaften, die sich durch das Hinzufügen und Wegnehmen von Elementen ergeben										
– kann 10 Elemente korrekt abzählen										
– kennt die Zahlwörter 11-20										
– kann die dekadische Struktur fortsetzen										
– kann Ziffern 1-10 lesen										
– kann die Ziffern bis 20 lesen										
– kann die Ziffern bis 30 lesen										
– kann Ziffern im Zahlenraum bis 20 nach Diktat schreiben										
– kann in einem Zahlenpaar die größere Zahl nennen										

Name

... erkennen und benennen von Eigenschaften	1	2	3	4	5	6	7	8	9	10
– hat einen entwickelten Zahlbegriff										
▪ beherrscht den kardinalen Aspekt der Zahlen (Mächtigkeit der Menge)										
▪ beherrscht den ordinalen Aspekt der Zahlen (Position des Elementes innerhalb einer Menge)										
▪ beherrscht den Beziehungsapekt zwischen den Zahlen (z.B. 3 + 4 = 2 + 5)										

2. Bausteine der Raumwahrnehmung										
– kann Raumlinien erkennen und unterscheiden										
– kann Raumlinien wahrnehmen und beschreiben										
– kann Raumwege erkennen und unterscheiden										
– kann Raumwege nachgehen und beschreiben										
– kann Raumdimensionen erkennen, unterscheiden und zeigen										
– kann Raumdimensionen mit Hilfe von Materialien visualisieren und beschreiben										
– kann einfache Raum – Lage – Beziehungen nach Anweisung mit vorgegebenem Material darstellen (oben, unten, rechts, links, vorne, hinten, innen, außen, zwischen, nebeneinander, hintereinander, neben, am Rand, in der Mitte, etc.)										
– kann einfache Raum – Lage – Beziehungen erkennen und benennen (oben, unten, rechts, links, vorne, hinten, innen, außen, zwischen, nebeneinander, hintereinander, neben, am Rand, in der Mitte, etc.)										
– kann Raum – Lage – Beziehungen mit zwei Bestimmungsgrößen nach Anweisung mit vorgegebenem Material darstellen (oben, unten, rechts, links, vorne, hinten, innen, außen, zwischen, nebeneinander, hintereinander, neben, am Rand, in der Mitte, etc.)										
– kann Raum – Lage – Beziehungen mit zwei Bestimmungsgrößen erkennen und benennen (oben, unten, rechts links, vorne, hinten, innen, außen, zwischen nebeneinander, hintereinander, neben, am Rand, in der Mitte, etc.)										
– kann Raum – Lage – Beziehungen mit drei Bestimmungsgrößen nach Anweisung mit vorgegebenem Material darstellen (oben, unten, rechts, links, vorne, hinten, innen, außen, zwischen, nebeneinander, hintereinander, neben, am Rand, in der Mitte, etc.)										

Praenumerik – *Forts.*
(trifft nicht zu —, trifft zu +)

Name

... Bausteine der Raumwahrnehmung	1	2	3	4	5	6	7	8	9	10
– kann Raum – Lage – Beziehungen mit drei Bestimmungsgrößen erkennen und benennen (oben, unten, rechts, links, vorne, hinten, innen, außen, zwischen, nebeneinander, hintereinander, neben, am Rand, in der Mitte, etc.)										
– kann Raum – Lage – Beziehungen unter Berücksichtigung des eigenen Standpunktes einnehmen										
– kann Raum – Lage – Beziehungen unter Berücksichtigung des eigenen Standpunktes beschreiben										
– kann Raum – Lage – Beziehungen unter Berücksichtigung des eigenen Standpunktes und unter Berücksichtigung des Standpunktes einer / eines anderen einnehmen										
– kann Raum – Lage – Beziehungen unter Berücksichtigung des eigenen Standpunktes und unter Berücksichtigung des Standpunktes einer / eines anderen beschreiben										
– hat eine Vorstellung vom Raum entwickelt										
– einen Raum aus der Vorstellung heraus beschreiben										

2. Entwicklung der Zeitwahrnehmung										
– kennt die Begriffe vorher und nachher										
– kann die Begriffe vorher und nachher anwenden										
– kennt Zeiträume										
– kann mit Zeiträumen umgehen										
– kennt Zeitpunkte										
– kann mit Zeitpunkten umgehen										
– kann Zeitpunkte und Zeiträume miteinander kombinieren										
– kann Zeit und die Bewegung im Raum miteinander verknüpfen										
– kennt Zeitrhythmen (Tagesrhythmus, etc.)										
– kann mit Zeitrhythmen (Tagesrhythmus, etc.) agieren										

Geometrie – ***Forts.***
(trifft nicht zu —, trifft zu **+**)

Name

Geometrie

(trifft nicht zu **—**, trifft zu **+**)

Name

1. Raumerfahrung und Raumvorstellung (s. Praenumerik)	**1**	**2**	**3**	**4**	**5**	**6**	**7**	**8**	**9**	**10**
Flächenformen										
– kann Flächenformen in verschiedenen Lagen, Größen, Farben wieder erkennen										
– kann Flächenformen in der Umwelt auffinden										
– kann Flächenformen untersuchen (zerlegen, falten, schneiden, wieder zusammen setzen)										
– kann Flächenformen beschreiben										
– kann Flächenformen benennen										
– kann Flächenformen herstellen										
– kann Flächenformen nach vorgegebenen Kriterien vergleichen										
– kann Flächenformen nach vorgegebenen Kriterien klassifizieren										
– kann Flächenformen nach selbst gefundenen Kriterien vergleichen										
– kann Flächenformen nach selbst gefundenen Kriterien klassifizieren										
– kann die Fachbegriffe anwenden für										
▪ Viereck / viereckig										
▪ Rechteck / rechteckig										
▪ Quadrat / quadratisch										
▪ Dreieck / dreieckig										
▪ Kreis / kreisrund										
▪ Ellipse (Oval)										
– kann Figuren aus geometrischen Grundformen nachbauen und beschreiben										
– kann Muster aus geometrischen Grundformen nachbauen und beschreiben										
– kann Parkette aus geometrischen Grundformen nachbauen und beschreiben										
– kann Figuren aus geometrischen Grundformen fortsetzen										
– kann Muster aus geometrischen Grundformen fortsetzen										
– kann Parkette aus geometrischen Grundformen fortsetzen										
– kann Figuren aus geometrischen Grundformen erfinden										

Geometrie – *Forts.*
(trifft nicht zu —, trifft zu +)

Name

… Raumerfahrung und Raumvorstellung

	1	2	3	4	5	6	7	8	9	10
Umgang mit dem Lineal										
– kann das Lineal sicher anlegen										
– kann mit dem Lineal gerade Linien ziehen										
– kann Punkte verbinden										
– kann Strecken messen										
– kann nach Maßangabe Linien ziehen										
– kann zu einer Geraden ein Parallele zeichnen										
– kann Diagonalen einzeichnen										
Umgang mit dem Geo-Dreieck										
– kann Strecken messen										
– kann Parallelen zeichnen										
– kann Winkel messen										
– kann Winkel zeichnen										
Umgang mit dem Zirkel										
– kann den Zirkel nach Vorgabe einstellen										
– kann mit dem Zirkel Kreise zeichnen										
– kann mit dem Zirkel Kreisteile zeichnen										
Strecken und Geraden										
– kennt die Bedeutung des Begriffs waagerecht										
– kennt die Bedeutung des Begriffs senkrecht										
– kennt die Bedeutung des Begriffs schräg										
– kennt die Bedeutung des Begriffs parallel										
– kennt den Begriff Strecke										
– kennt den Begriff Gerade										
Symetrie										
– erkennt symmetrische Muster in der Umgebung (in der Natur)										
– erkennt durch falten und / oder schneiden an Figuren symmetrische Eigenschaften										
– stellt Klappbilder durch reißen und / oder schneiden gefalteter Blätter her										
– kann Klecksbilder herstellen										
– entdeckt Symmetrien an sich und am Partner										
– entdeckt Symmetrien an Gegenständen										

Geometrie – *Forts.*
(trifft nicht zu —, trifft zu +)

Name ____________________

... Raumerfahrung und Raumvorstellung	1	2	3	4	5	6	7	8	9	10
– kann mit Hilfe von Plättchen und einem Spiegel symmetrische Figuren erzeugen										
– kann symmetrische Figuren zeichnen										
– findet Spiegelachsen von symmetrischen Figuren durch spiegeln und falten										
– kann den Begriff Spiegelachse sachgerecht anwenden										
– kann den Begriff Spiegelbild sachgerecht anwenden										
– kann symmetrische Figuren Spiegelachsen einzeichnen										
– kann eine Figur an einer Achse spiegeln, wenn sie Teil der Figur ist										
– kann eine Figur an einer Achse spiegeln, wenn sie außerhalb der Figur ist										
– kann eine geometrische Figur an einem Punkt spiegeln										
– kann eine symmetrische Figur um einen Punkt drehen										
Zeichnen geometrischer Figuren										
– kann einfache geometrische Figuren größengleich auf kariertes Papier übertragen										
– kann einfache geometrische Figuren mit maßstäblichen Veränderungen auf kariertes Papier übertragen (doppelt so hoch, doppelt so lang, halb so hoch, halb so lang)										
– kann komplexe geometrische Figuren mit maßstäblichen Veränderungen auf kariertes Papier übertragen (doppelt so hoch, doppelt so lang, halb so hoch, halb so lang)										
– kann Muster aus geometrischen Grundformen erfinden										
– kann Parkette aus geometrischen Grundformen erfinden										
Rechtecke und Quadrate										
– erkennt Unterschiede und Gemeinsamkeiten										
– kann Unterschiede und Gemeinsamkeiten sprachlich darstellen										
– kann den Rechten Winkel in einem Viereck finden und überprüfen										
– kann Rechteck und Quadrat zeichnerisch darstellen										
– kann Rechteck und Quadrat aus vorgegebenen Größen konstruieren										
– kann den Konstruktionsprozess sprachlich begleiten										

Geometrie – *Forts.*
(trifft nicht zu —, trifft zu **+**)

Name ______________________

... Raumerfahrung und Raumvorstellung	1	2	3	4	5	6	7	8	9	10
– kann den Umfang gradlinig begrenzter rechtwinkliger Flächen messen und berechnen										
– kennt die Bedeutung der Abkürzungen: l, b, h, d, ∟ (Winkel)										
– kann die Formel zur Berechnung des Umfangs anwenden										
– kann die Fläche von Rechteck und Quadrat durch Auslegen bestimmen										
– kann die Fläche von Rechteck und Quadrat durch Berechnung bestimmen										
– beherrscht die Formelumstellung										
– kann zusammengesetzte rechtwinklige Flächen berechnen										
Drachen										
– kann den Umfang messen und berechnen										
– kann die Formel zur Berechnung des Umfangs anwenden										
– kann die Fläche durch Berechnung bestimmen										
– beherrscht die Formelumstellung										
Parallelogramm										
– kann den Umfang messen und berechnen										
– kann die Formel zur Berechnung des Umfangs anwenden										
– kann die Fläche durch Berechnung bestimmen										
– beherrscht die Formelumstellung										
Raute										
– kann den Umfang messen und berechnen										
– kann die Formel zur Berechnung des Umfangs anwenden										
– kann die Fläche durch Berechnung bestimmen										
– beherrscht die Formelumstellung										
gleichschenkliges Trapez										
– kann den Umfang messen und berechnen										
– kann die Formel zur Berechnung des Umfangs anwenden										
– kann die Fläche durch Berechnung bestimmen										
– beherrscht die Formelumstellung										

Geometrie – *Forts.*
(trifft nicht zu —, trifft zu +)

Name

... Raumerfahrung und Raumvorstellung

	1		2		3		4		5		6		7		8		9		10	
ungleichschenkliges Trapez																				
– kann den Umfang messen und berechnen																				
– kann die Formel zur Berechnung des Umfangs anwenden																				
– kann die Fläche durch Berechnung bestimmen																				
– beherrscht die Formelumstellung																				
– kann ein unregelmäßiges Viereck erkennen und beschreiben																				
– kann ein Vieleck erkennen und beschreiben																				
Winkel																				
– kann Winkel benennen																				
– kann Winkel abmessen																				
– kann Winkel zeichnen																				
– kann die verschiedenen Winkelformen aus dem Gedächtnis zeichnen																				
– kann anhand der vorgegebenen Gradzahlen Winkel kategorisieren																				
Dreiecke																				
– kann verschiedene Dreieckstypen unterscheiden																				
– kann verschiedene Dreiecke zeichnerisch darstellen																				
– kann Dreiecke aus vorgegebenen Größen konstruieren																				
– kann den Umfang von Dreiecken mit Hilfe der Umfangsformel berechnen																				
– kann die Fläche von Dreiecken mit Hilfe der Flächenformel berechnen																				
– beherrscht die Formelumstellung																				
Kreis																				
– kann den Kreis darstellen und analysieren																				
– kann den Mittelpunkt durch falten und spiegeln ermitteln																				
– kennt den Begriff Mittelpunkt (M)																				
– kennt den Begriff Kreislinie																				
– kennt den Begriff Kreisfläche																				
– kennt den Begriff, Radius (r)																				
– kennt den Begriff Durchmesser (d)																				
– kennt π																				
– kann einen Kreis aus vorgegebenen Größen konstruieren																				

Geometrie – *Forts.*

(trifft nicht zu —, trifft zu +)

Name

... Raumerfahrung und Raumvorstellung

	1	2	3	4	5	6	7	8	9	10
– kann den Umfang des Kreises handlungsbezogen ermitteln										
– kann den Umfang eines Kreises berechnen										
– kann die Fläche eines Kreises handlungsbezogen ermitteln										
– kann die Fläche eines Kreises berechnen										
– beherrscht die Formelumstellung										
Würfel und Quader										
– kann Körperformen in der Umwelt entdecken										
– kann mit Körpermodellen handeln										
– kann Körpermodelle herstellen										
– kann Körperformen untersuchen										
– kann Körperformen beschreiben										
– kann Körperformen benennen										
– kann Körperformen nach vorgegebenen Kriterien vergleichen										
– kann Körperformen nach vorgegebenen Kriterien klassifizieren										
– kann Körperformen nach selbst gefundenen Kriterien vergleichen										
– kann Körperformen nach selbst gefundenen Kriterien klassifizieren										
– kann Fachbegriffe anwenden für										
▪ Würfel										
▪ Quader										
▪ Ecke										
▪ Kante										
▪ Fläche										
▪ Länge										
▪ Breite										
▪ Höhe										
▪ Netz										
– kann den Rauminhalt durch die Verwendung von Würfeln bestimmen										
– kann den Rauminhalt berechnen										
– kann den Rauminhalt mit Hilfe der Formel berechnen										
– beherrscht die Formelumstellung										

Geometrie – *Forts.*
(trifft nicht zu **—**, trifft zu **+**)

Name

... Raumerfahrung und Raumvorstellung	1		2		3		4		5		6		7		8		9		10	
weitere Körper																				
– kann eine Dreiecksäule darstellen und benennen																				
– kann eine Rechtecksäule darstellen und benennen																				
– kann eine Rundsäule darstellen und benennen																				
– kann einen Zylinder darstellen und benennen																				
– kann eine Pyramide darstellen und benennen																				
– kann einen Pyramidenstumpf darstellen und benennen																				
– kann einen Kegel darstellen und benennen																				
– kann einen Kegelstumpf darstellen und benennen																				
– kann einen Mantel darstellen und benennen																				
– kann eine Deckfläche darstellen und benennen																				
– kann eine Grundfläche darstellen und benennen																				
– kann das Volumen gerader Säulen berechnen																				
– kann Körper berechnen, die aus verschiedenen bekannten Teilen zusammengesetzt sind																				

Arithmetik – *Forts.*
(trifft nicht zu —, trifft zu +)

Name

Arithmetik

(trifft nicht zu —, trifft zu +)

Name

1. Umgang mit Zahlen und Mengen von 0-20	1	2	3	4	5	6	7	8	9	10
Zahlenraum 0 - 6										
– beherrscht die Addition										
– beherrscht die Subtraktion										
– beherrscht die additive Ergänzung										
– beherrscht die subtraktive Ergänzung										
Zahlenraum 0 - 10										
– beherrscht die Addition										
– beherrscht die Subtraktion										
– beherrscht die additive Ergänzung										
– beherrscht die subtraktive Ergänzung										
– kann im o.g. Zahlenraum die Operationen ausführen und sprachlich begleiten										
– kann im o.g. Zahlenraum alle durchgeführten Operationen begründen										
Zahlenraum 11 - 20										
– beherrscht die Addition										
– beherrscht die Subtraktion										
– beherrscht die additive Ergänzung										
– beherrscht die subtraktive Ergänzung										
Zahlenraum 0 – 20; Operationen auch mit Zehnerübergang										
– beherrscht die Addition										
– beherrscht die Subtraktion										
– beherrscht die additive Ergänzung										
– beherrscht die subtraktive Ergänzung										
– kann im o.g. Zahlenraum die Operationen ausführen und sprachlich begleiten										
– kann im o.g. Zahlenraum alle durchgeführten Operationen begründen										
– hat die Kraft der 5										
– kann Mengen verdoppeln und halbieren										
– kann aus Sachaufgaben (Bilderfolgen) Operationen entwickeln und sprachlich fassen										
– kann aus Sachaufgaben (Text) Operationen entwickeln und sprachlich fassen										

(trifft nicht zu —, trifft zu +)

Name

2. Umgang mit Zahlen und Mengen von 0 – 100 H, Z, E	1	2	3	4	5	6	7	8	9	10
– beherrscht die Zehnerzahlen bis 100 (in Zehnerschritten)										
– beherrscht die Zuordnung: Zehnerzahlen und Mengen										
– beherrscht die Begriffe und „Einer“, „Zehner“ und „Hunderter“ im dekadischen System										
– kennt die Zahlwortreihe von 1 – 100										
– kann vorwärts und rückwärts weiterzählen										
– kann Nachbarzahlen benennen										
– kann die Zahlen im ZR bis 100 lesen und schreiben										
Addition im Zahlenraum von 1 – 100, Kopfrechnen										
– beherrscht die Addition von Zehnern										
– beherrscht die Addition von Zehnern und Einern (ohne ZÜ)										
– beherrscht die Addition von Zehner-Einern und Einern (ohne ZÜ)										
– beherrscht die Addition von Zehner-Einern und Zehner-Einern (ohne ZÜ)										
– beherrscht die Addition mit Zehnerübergang										
Addition im Zahlenraum von 1 – 100, halbschriftlich										
– beherrscht die Addition von Zehnern										
– beherrscht die Addition von Zehnern und Einern (ohne ZÜ)										
– beherrscht die Addition von Zehner-Einern und Einern (ohne ZÜ)										
– beherrscht die Addition von Zehner-Einern und Zehner-Einern (ohne ZÜ)										
– beherrscht die Addition mit Zehnerübergang										
Subtraktion im Zahlenraum bis 100 (Kopfrechnen)										
– beherrscht die Subtraktion von Zehnern										
– beherrscht die Subtraktion von Zehnern und Einern (ohne ZÜ)										
– beherrscht die Subtraktion von Zehner-Einern und Einern (ohne ZÜ)										
– beherrscht die Subtraktion von Zehner-Einern und Zehner-Einern (ohne ZÜ)										
– beherrscht die Subtraktion mit Zehnerübergang										

Arithmetik – *Forts.*
(trifft nicht zu —, trifft zu +)

Name

... Umgang mit Zahlen und Mengen 0-100

	1	2	3	4	5	6	7	8	9	10
Subtraktion im Zahlenraum bis 100 (halbschriftlich)										
– beherrscht die Subtraktion von Zehnern										
– beherrscht die Subtraktion von Zehnern und Einern (ohne ZÜ)										
– beherrscht die Subtraktion von Zehner-Einern und Einern (ohne ZÜ)										
– beherrscht die Subtraktion von Zehner-Einern und Zehner-Einern (ohne ZÜ)										
– beherrscht die Subtraktion mit Zehnerübergang										
– beherrscht Überschlagrechnungen										
– kann aus Sachaufgaben (Bilderfolgen) Operationen entwickeln und sprachlich fassen										
– kann aus Sachaufgaben (Text) Operationen entwickeln und sprachlich fassen										
1 x 1 und 1: 1 Aufgaben										
– beherrscht das 1 x 5										
– beherrscht die Divisionsaufgaben zum 1 x 5										
– beherrscht das 1 x 10										
– beherrscht die Divisionsaufgaben zum 1 x 10										
– beherrscht das 1 x 2										
– beherrscht die Divisionsaufgaben zum 1 x 2										
– beherrscht das 1 x 4										
– beherrscht die Divisionsaufgaben zum 1 x 4										
– beherrscht das 1 x 6										
– beherrscht die Divisionsaufgaben zum 1 x 6										
– beherrscht das 1 x 8										
– beherrscht die Divisionsaufgaben zum 1 x 8										
– beherrscht das 1 x 3										
– beherrscht die Divisionsaufgaben zum 1 x 3										
– beherrscht das 1 x 9										
– beherrscht die Divisionsaufgaben zum 1 x 9										
– beherrscht das 1 x 7										
– beherrscht die Divisionsaufgaben zum 1 x 7										
– weiß, dass die Multiplikation eine verkürzte Addition ist										
– kann Mengen im Bereich des kleinen 1x1 – Bereich mit Rest verteilen										

Arithmetik – *Forts.*
(trifft nicht zu —, trifft zu +)

Name

… Umgang mit Zahlen und Mengen 0-100	1	2	3	4	5	6	7	8	9	10
– kann aus Sachaufgaben (Bilderfolgen) Operationen entwickeln und sprachlich fassen										
– kann aus Sachaufgaben (Text) Operationen entwickeln und sprachlich fassen										

3. Umgang mit Zahlen und Mengen von 0 – 1000 - Kategorien T, H, Z, E										
– beherrscht die Zahlen im Zahlenraum bis 1000										
– beherrscht die Begriffe „Einer“, „Zehner“, „Hunderter“ und „Tausender“ im dekadischen System										
– kann Ziffern und Zahlen in das Zahlenhaus einordnen										
kennt die Zahlwortreihe von 1 – 1000										
– kann vorwärts und rückwärts weiterzählen										
– kann Nachbarzahlen benennen										
– kann die Zahlen im ZR bis 1000 lesen und schreiben										
Addition im Zahlenraum von 1 – 100, Kopfrechnen										
– beherrscht die Addition von Zehnern										
– beherrscht die Addition von Zehnern und Einern (ohne ZÜ)										
– beherrscht die Addition von Zehner-Einern und Einern (ohne ZÜ)										
– beherrscht die Addition von Zehner-Einern und Zehner-Einern (ohne ZÜ)										
– beherrscht die Addition mit Zehnerübergang										
– beherrscht Überschlagrechnungen										
Addition, schriftlich										
– beherrscht die Addition von zwei Summanden **ohne** Null, **ohne** Übertrag und **ohne** Stellenunterschied										
– beherrscht die Addition von zwei Summanden **ohne** Null, **ohne** Übertrag **mit** Stellenunterschied										
– beherrscht die Addition von zwei Summanden **mit** einer Null im Summanden oder im Ergebnis, **ohne** Übertrag und **ohne** Stellenunterschied										
– beherrscht die Addition von zwei Summanden **mit** einer Null im Summanden oder im Ergebnis, **ohne** Übertrag und **mit** Stellenunterschied										
– beherrscht die Addition von zwei Summanden **ohne** Null, **mit** einem Übertrag und **ohne** Stellenunterschied										
– beherrscht die Addition von zwei Summanden **ohne** Null, **mit** einem Übertrag **mit** Stellenunterschied										

Arithmetik – *Forts.*

(trifft nicht zu —, trifft zu **+**)

Name

… Umgang mit Zahlen und Mengen 0-1000		2	3	4	5	6	7	8	9	10
– beherrscht die Addition von zwei Summanden **mit** einer Null im Summanden oder im Ergebnis, **mit** einem Übertrag und **ohne** Stellenunterschied										
– beherrscht die Addition von zwei Summanden **mit** einer Null im Summanden oder im Ergebnis, **mit** einem Übertrag und **mit** Stellenunterschied										
– beherrscht die Addition von zwei Summanden **ohne** Null, **mit** zwei Überträgen und **ohne** Stellenunterschied										
– beherrscht die Addition von zwei Summanden **ohne** Null, **mit** zwei Überträgen **mit** Stellenunterschied										
– beherrscht die Addition von zwei Summanden **mit** einer Null im Summanden oder im Ergebnis, **mit** zwei Überträgen und **ohne** Stellenunterschied										
– beherrscht die Addition von zwei Summanden **mit** einer Null im Summanden oder im Ergebnis, **mit** zwei Überträgen und **mit** Stellenunterschied										
– beherrscht bei der Addition den Übertrag in **eine** leere Stelle (obere Ziffer 0 oder 9)										
– beherrscht den Übertrag in **eine zusätzliche** leere Stelle (Summanden **stellengleich**)										
– beherrscht den Übertrag in **eine zusätzliche** leere Stelle (Summanden **stellenverschieden**)										
– beherrscht den Übertrag zur 0										
– beherrscht den Übertrag zur 9										
– beherrscht die Addition, wenn der zweite Übertrag aus dem ersten resultiert										
– beherrscht die Kolonnenaddition										
– beherrscht die schriftliche Addition von Dezimalzahlen										
– beherrscht Sachaufgaben zur schriftlichen Addition										
Subtraktion, schriftlich										
– beherrscht die schriftliche Subtraktion mit einem Subtrahenden **ohne** Null, **ohne** Übertrag und **ohne** Stellenunterschied										
– beherrscht die schriftliche Subtraktion mit einem Subtrahenden **ohne** Null, **ohne** Übertrag und **mit** Stellenunterschied										
– beherrscht die schriftliche Subtraktion mit einem Subtrahenden, **ohne** Übertrag und **mit** Stellenunterschied; die Null in den gegebenen Zahlen oder im Ergebnis										
– beherrscht die schriftliche Subtraktion mit einem Subtrahenden **ohne** Null, mit einem Übertrag und **ohne** Stellenunterschied										

Name

... Umgang mit Zahlen und Mengen 0-1000

	1	2	3	4	5	6	7	8	9	10
- beherrscht die schriftliche Subtraktion mit einem Subtrahenden **ohne** Null, mit einem Übertrag und **mit** Stellenunterschied										
- beherrscht die schriftliche Subtraktion mit einem Subtrahenden, **mit** einem Übertrag und **mit** Stellenunterschied; die Null in den gegebenen Zahlen oder im Ergebnis										
- beherrscht die schriftliche Subtraktion mit einem Subtrahenden **ohne** Null, **mit** zwei und mehr Überträgen und **ohne** Stellenunterschied										
- beherrscht die schriftliche Subtraktion mit einem Subtrahenden **ohne** Null, **mit** zwei und mehr Überträgen und **mit** Stellenunterschied										
- beherrscht die schriftliche Subtraktion mit einem Subtrahenden, **mit** zwei und mehr Überträgen und **mit** Stellenunterschied; die Null in den gegebenen Zahlen oder im Ergebnis										
- beherrscht bei der schriftlichen Subtraktion den Übertrag in eine leere Stelle										
- beherrscht bei der schriftlichen Subtraktion den Übertrag in eine leere Stelle und das Ergänzen bis 10										
- beherrscht bei der schriftlichen Subtraktion den Übertrag zur Null										
- beherrscht bei der schriftlichen Subtraktion den Übertrag zur Null und das Ergänzen auf 10										
- beherrscht bei der schriftlichen Subtraktion den Übertrag zur 9										
- beherrscht bei der schriftlichen Subtraktion den Übertrag zur 9 und das Ergänzen bis 10										
- beherrscht die schriftliche Subtraktion von Dezimalzahlen										
- beherrscht Sachaufgaben zur schriftlichen Subtraktion										
schriftliche Multiplikation mit einstelligem Multiplikator										
- beherrscht die schriftliche Multiplikation mit einstelligem Multiplikator, Multiplikator ≤ 5, **ohne** Null, **ohne** Behalteziffer, Einmaleinsergebnisse < 10										
- beherrscht die schriftliche Multiplikation mit einstelligem Multiplikator, Multiplikator ≤ 5, Null im ersten Faktor oder Multiplikator, **ohne** Behalteziffer, Einmaleinsergebnisse < 10										
- beherrscht die schriftliche Multiplikation mit einstelligem Multiplikator, Multiplikator > 5, Null im ersten Faktor oder Multiplikator, **ohne** Behalteziffer, Einmaleinsergebnisse < 10										

Arithmetik – *Forts.*
(trifft nicht zu —, trifft zu **+**)

Name

… Umgang mit Zahlen und Mengen 0-1000	1	2	3	4	5	6	7	8	9	10
– beherrscht die schriftliche Multiplikation mit einstelligem Multiplikator, Multiplikator ≤ 5, **ohne** Null, **ohne** Behalteziffer, Einmaleinsergebnisse beliebig										
– beherrscht die schriftliche Multiplikation mit einstelligem Multiplikator, Multiplikator ≤ 5, Null im ersten Faktor oder Multiplikator, **ohne** Behalteziffer, Einmaleinsergebnisse beliebig										
– beherrscht die schriftliche Multiplikation mit einstelligem Multiplikator, Multiplikator > 5, Null im ersten Faktor oder Multiplikator, **ohne** Behalteziffer, Einmaleinsergebnisse beliebig										
– beherrscht die schriftliche Multiplikation mit einstelligem Multiplikator, Multiplikator ≤ 5, **ohne** Null, **mit** einer Behalteziffer, Einmaleinsergebnisse beliebig										
– beherrscht die schriftliche Multiplikation mit einstelligem Multiplikator, Multiplikator ≤ 5, Null im ersten Faktor oder Multiplikator, **mit** einer Behalteziffer, Einmaleinsergebnisse beliebig										
– beherrscht die schriftliche Multiplikation mit einstelligem Multiplikator, Multiplikator > 5, Null im ersten Faktor oder Multiplikator, **mit** einer Behalteziffer, Einmaleinsergebnisse beliebig										
– beherrscht die schriftliche Multiplikation mit einstelligem Multiplikator, Multiplikator ≤ 5, **ohne** Null, mit zwei oder mehr Behalteziffern, Einmaleinsergebnisse beliebig										
– beherrscht die schriftliche Multiplikation mit einstelligem Multiplikator, Multiplikator ≤ 5, Null im ersten Faktor oder Multiplikator, mit zwei oder mehr Behalteziffern, Einmaleinsergebnisse beliebig										
– beherrscht die schriftliche Multiplikation mit einstelligem Multiplikator, Multiplikator > 5, Null im ersten Faktor oder Multiplikator, mit zwei oder mehr Behalteziffern, Einmaleinsergebnisse beliebig										
– beherrscht die Überschlagrechnung										
– beherrscht die Addition einer Behalteziffer zur 0										
– beherrscht die Addition wenn sie eine Zehnerzahl erzeugt										
– beherrscht die Multiplikation, wenn gleiche Ziffern im ersten Faktor sind										
– beherrscht die Multiplikation, wenn von 0 verschiedene Faktoren eine 0 erzeugen										
– beherrscht Sachaufgaben zur schriftlichen Multiplikation										

Name

... Umgang mit Zahlen und Mengen 0-1000

	1	2	3	4	5	6	7	8	9	10
schriftliche Multiplikation mit mehrstelligem Multiplikator										
– beherrscht die schriftliche Multiplikation mit mehrstelligem Multiplikator, Multiplikator ≤ 5, **ohne** Null, **ohne** Behalteziffer, Einmaleinsergebnisse < 10										
– beherrscht die schriftliche Multiplikation mit mehrstelligem Multiplikator, Multiplikator ≤ 5, Null im ersten Faktor oder Teilprodukt, **ohne** Behalteziffer, Einmaleinsergebnisse < 10										
– beherrscht die schriftliche Multiplikation mit mehrstelligem Multiplikator, Multiplikator ≤ 5, Null im zweiten Faktor, **ohne** Behalteziffer, Einmaleinsergebnisse < 10										
– beherrscht die schriftliche Multiplikation mit mehrstelligem Multiplikator, Multiplikator ≤ 5, **ohne** Null, **ohne** Behalteziffer, Einmaleinsergebnisse beliebig										
– beherrscht die schriftliche Multiplikation mit einstelligem Multiplikator, Multiplikator ≤ 5, Null im ersten Faktor oder Teilprodukt, **ohne** Behalteziffer, Einmaleinsergebnisse beliebig										
– beherrscht die schriftliche Multiplikation mit einstelligem Multiplikator, Multiplikator ≤ 5, Null im zweiten Faktor, **ohne** Behalteziffer, Einmaleinsergebnisse beliebig										
– beherrscht die schriftliche Multiplikation mit mehrstelligem Multiplikator, Multiplikator ≤ 5, **ohne** Null, **mit** einer Behalteziffer, Einmaleinsergebnisse beliebig										
– beherrscht die schriftliche Multiplikation mit mehrstelligem Multiplikator, Multiplikator ≤ 5, Null im ersten Faktor oder Teilprodukt, **mit** einer Behalteziffer, Einmaleinsergebnisse beliebig										
– beherrscht die schriftliche Multiplikation mit einstelligem Multiplikator, Multiplikator ≤ 5, Null im zweiten Faktor, **mit** einer Behalteziffer, Einmaleinsergebnisse beliebig										
– beherrscht die schriftliche Multiplikation mit mehrstelligem Multiplikator, Multiplikator ≤ 5, **ohne** Null, **mit** zwei oder mehr Behalteziffern, Einmaleinsergeb-nisse beliebig										
– beherrscht die schriftliche Multiplikation mit einstelligem Multiplikator ≤ 5, Null im ersten Faktor oder Teilprodukt, mit **zwei** oder mehr Behalteziffern, Einmaleinsergebnisse beliebig										
– beherrscht die schriftliche Multiplikation mit einstelligem Multiplikator, Multiplikator ≤ 5, Null im zweiten Faktor, **mit** zwei oder mehr Behalteziffern, Einmaleinsergebnisse beliebig										

Arithmetik – *Forts.*

(trifft nicht zu —, trifft zu +)

Name

... Umgang mit Zahlen und Mengen 0-1000	1	2	3	4	5	6	7	8	9	10
– beherrscht die schriftliche Multiplikation mit mehrstelligem Multiplikator, Multiplikator ≥ 5, Behalteziffer ≥ 5, Addition der Behalteziffer kann einen **Zehnerübergang** erfordern, **keine** 0, **keine** Behalteziffer										
– beherrscht die schriftliche Multiplikation mit mehrstelligem Multiplikator, Multiplikator ≥ 5, Behalteziffer ≥ 5, Addition der Behalteziffer kann einen **Zehnerübergang** erfordern, 0 im Multiplikanten, **keine** Behalteziffer										
– beherrscht die schriftliche Multiplikation mit mehrstelligem Multiplikator, Multiplikator ≥ 5, Behalteziffer ≥ 5, Addition der Behalteziffer kann einen **Zehnerübergang** erfordern, 0 im Multiplikator, **keine** Behalteziffer										
– beherrscht die schriftliche Multiplikation mit mehrstelligem Multiplikator, Multiplikator ≥ 5, Behalteziffer ≥ 5, Addition der Behalteziffer kann einen Zehnerübergang erfordern, **keine** 0, höchstens **zwei** Behalteziffern										
– beherrscht die schriftliche Multiplikation mit mehrstelligem Multiplikator, Multiplikator ≥ 5, Behalteziffer ≥ 5, Addition der Behalteziffer kann einen **Zehnerübergang** erfordern, 0 im Multiplikanten, höchstens **zwei** Behalteziffern										
– beherrscht die schriftliche Multiplikation mit mehrstelligem Multiplikator, Multiplikator ≥ 5, Behalteziffer ≥ 5, Addition der Behalteziffer kann einen **Zehnerübergang** erfordern, 0 im Multiplikator, höchstens **zwei** Behalteziffern										
– beherrscht die schriftliche Multiplikation mit mehrstelligem Multiplikator, Multiplikator ≥ 5, Behalteziffer ≥ 5, Addition der Behalteziffer kann einen **Zehnerübergang** erfordern, keine 0, **mindestens zwei** Behalteziffern										
– beherrscht die schriftliche Multiplikation mit mehrstelligem Multiplikator, Multiplikator ≥ 5, Behalteziffer ≥ 5, Addition der Behalteziffer kann einen **Zehnerübergang** erfordern, 0 im Multiplikanten, **mindestens zwei** Behalteziffern										
– beherrscht die schriftliche Multiplikation mit mehrstelligem Multiplikator, Multiplikator ≥ 5, Behalteziffer ≥ 5, Addition der Behalteziffer kann einen **Zehnerübergang** erfordern, 0 im Multiplikator, **mindestens zwei** Behalteziffern										
– beherrscht die Überschlagrechnung										
– beherrscht Sachaufgaben zur schriftlichen Multiplikation										

(trifft nicht zu —, trifft zu **+**)

Name

… Umgang mit Zahlen und Mengen 0-1000

	1	2	3	4	5	6	7	8	9	10
schriftliche Division mit einstelligem Divisor										
– beherrscht die schriftliche Division, Divisor ≤ 5, **kein** Zehnerübergang bei der Subtraktion, **keine** 0 im Dividenden, **keine** 0 im Quotienten, Teildivisionen gehen an jeder Stelle auf										
– beherrscht die schriftliche Division, Divisor ≤ 5, **kein** Zehnerübergang bei der Subtraktion, 0 im Dividenden oder im Quotienten, Teildivisionen gehen an jeder Stelle auf										
– beherrscht die schriftliche Division, Divisor ≤ 5, **kein** Zehnerübergang bei der Subtraktion, erster Teildividend einstellig, **keine** 0 im Dividenden, **keine** 0 im Quotienten, Teildivisionen gehen **nicht** an jeder Stelle auf										
– beherrscht die schriftliche Division, Divisor ≤ 5, **kein** Zehnerübergang bei der Subtraktion, erster Teildividend einstellig, 0 im Dividenden oder im Quotienten, Teildivisionen gehen **nicht** an jeder Stelle auf										
– beherrscht die schriftliche Division, Divisor ≤ 5, **kein** Zehnerübergang bei der Subtraktion, erster Teildividend zweistellig, **keine** 0 im Dividenden, **keine** 0 im Quotienten, Teildivisionen gehen **nicht** an jeder Stelle auf, Ergebnis **ohne** Rest										
– beherrscht die schriftliche Division, Divisor ≤ 5, **kein** Zehnerübergang bei der Subtraktion, erster Teildividend zweistellig, 0 im Dividenden oder im Quotienten, Teildivisionen gehen **nicht** an jeder Stelle auf, Ergebnis **ohne** Rest										
– beherrscht die schriftliche Division, Divisor ≤ 5, **kein** Zehnerübergang bei der Subtraktion, erster Teildividend zweistellig, **keine** 0 im Dividenden, **keine** 0 im Quotienten, Teildivisionen gehen **nicht** an jeder Stelle auf, Ergebnis **mit** Rest										
– beherrscht die schriftliche Division, Divisor ≤ 5, **kein** Zehnerübergang bei der Subtraktion, erster Teildividend zweistellig, 0 im Dividenden oder im Quotienten, Teildivisionen gehen **nicht** an jeder Stelle auf, Ergebnis **mit** Rest										
– beherrscht die schriftliche Division, Divisor > 5, **Zehnerübergang** bei der Subtraktion, **keine** 0 im Dividenden, **keine** 0 im Quotienten, Teildivisionen gehen an **jeder** Stelle auf										
– beherrscht die schriftliche Division, Divisor > 5, **Zehnerübergang** bei der Subtraktion, 0 im Dividenden, oder im Quotienten, Teildivisionen gehen an jeder Stelle auf										

Bianca Klose; Bernd Scheungrab; Friedrich Schulze; Gabriele Vorwerk; Dirk Wasmuth; Manfred Wefelmeier

Arithmetik – *Forts.*
(trifft nicht zu —, trifft zu **+**)

Name

... Umgang mit Zahlen und Mengen 0-1000	1	2	3	4	5	6	7	8	9	10
– beherrscht die schriftliche Division, Divisor > 5, **Zehnerübergang** bei der Subtraktion, Teildivisionen **ohne** Rest, **keine** 0 im Dividenden, **keine** 0 im Quotienten, Teildivisionen gehen **nicht** an jeder Stelle auf										
– beherrscht die schriftliche Division, Divisor > 5, **Zehnerübergang** bei der Subtraktion, Teildivisionen **ohne** Rest, 0 im Dividenden oder im Quotienten, Teildivisionen gehen **nicht** an jeder Stelle auf										
– beherrscht die schriftliche Division, Divisor > 5, **Zehnerübergang** bei der Subtraktion, Teildivisionen **ohne** Rest, **keine** 0 im Dividenden, **keine** 0 im Quotienten, Teildivisionen gehen **nicht** an jeder Stelle auf, Ergebnis **ohne** Rest										
– beherrscht die schriftliche Division, Divisor > 5, **Zehnerübergang** bei der Subtraktion, Teildivisionen **mit** Rest, 0 im Dividenden oder im Quotienten, Teildivisionen gehen **nicht** an jeder Stelle auf, Ergebnis **ohne** Rest										
– beherrscht die schriftliche Division, Divisor > 5, **Zehnerübergang** bei der Subtraktion, Teildivisionen **mit** Rest, **keine** 0 im Dividenden, **keine** 0 im Quotienten, Teildivisionen gehen **nicht** an jeder Stelle auf, Ergebnis **mit** Rest										
– beherrscht die schriftliche Division, Divisor > 5, **Zehnerübergang** bei der Subtraktion, Teildivisionen **mit** Rest, 0 im Dividenden oder im Quotienten, Teildivisionen gehen **nicht** an jeder Stelle auf, Ergebnis **mit** Rest										
– beherrscht die Überschlagrechnung										
– beherrscht die schriftliche Division, wenn sie / er eine **Zwischen – Null** herunterholen muss, weil die vorhergehende Teildivision aufgeht										
– beherrscht die schriftliche Division, wenn sie / er eine **End – Null** herunterholen muss, weil die vorhergehende Teildivision aufgeht										
– beherrscht die schriftliche Division, wenn sie / er **Null** dividieren muss, es erscheint eine **Zwischen – Null** im Quotienten										
– beherrscht die schriftliche Division, wenn sie / er **Null** dividieren muss, es erscheint eine **End – Null** im Quotienten										
– beherrscht die schriftliche Division, wenn der Teildividend **kleiner** als der Divisor ist, Teildivision ergibt eine 0										

Arithmetik – *Forts.*
(trifft nicht zu —, trifft zu **+**)

Name

... Umgang mit Zahlen und Mengen 0-1000

	1		2		3		4		5		6		7		8		9		10	
schriftliche Division mit mehrstelligem Divisor																				
– beherrscht die schriftliche Division mit mehrstelligem Divisor, die Ziffern des Divisors und des Quotienten sind < 5, **keine** Zehnerübergänge bei der Subtraktion, **keine** 0 im Dividenden, Divisor und Quotienten; Ergebnis **ohne** Rest																				
– beherrscht die schriftliche Division mit mehrstelligem Divisor, die Ziffern des Divisors und des Quotienten sind < 5, **keine** Zehnerübergänge bei der Subtraktion, **keine** 0 im Dividenden, Divisor und Quotienten; Ergebnis **mit** Rest																				
– beherrscht die schriftliche Division mit mehrstelligem Divisor, die Ziffern des Divisors und des Quotienten sind < 5, **keine** Zehnerübergänge bei der Subtraktion, **Zwischen - 0** im Quotienten; Ergebnis **ohne** Rest																				
– beherrscht die schriftliche Division mit mehrstelligem Divisor, die Ziffern des Divisors und des Quotienten sind < 5, **keine** Zehnerübergänge bei der Subtraktion, **Zwischen - 0** im Quotienten; Ergebnis **mit** Rest																				
– beherrscht die schriftliche Division mit mehrstelligem Divisor, die Ziffern des Divisors und des Quotienten sind < 5, **keine** Zehnerübergänge bei der Subtraktion, **End - 0** im Quotienten; Ergebnis **ohne** Rest																				
– beherrscht die schriftliche Division mit mehrstelligem Divisor, die Ziffern des Divisors und des Quotienten sind < 5, **keine** Zehnerübergänge bei der Subtraktion, **End - 0** im Quotienten; Ergebnis **mit** Rest																				
– beherrscht die schriftliche Division, wenn sie / er die **Endnull** herunterholen muss, weil die vorhergehende Teildivision aufgeht																				
– beherrscht die schriftliche Division, wenn sie / er **Null** dividieren muss, es erscheint eine **Zwischen – Null** im Quotienten																				
– beherrscht die schriftliche Division, wenn sie / er **Null** dividieren muss, es erscheint eine **End– Null** im Quotienten																				
– beherrscht die schriftliche Division, wenn der Teildividend kleiner als der Divisor ist, es erscheint eine **0** im **Ergebnis**																				
– beherrscht die schriftliche Division mit mehrstelligem Divisor, die Ziffern des Divisors und des Quotienten sind > 5, **Zehnerübergänge** bei der Subtraktion, **keine** - 0 im Quotienten; Ergebnis **ohne** Rest																				
– beherrscht die schriftliche Division mit mehrstelligem Divisor, die Ziffern des Divisors und des Quotienten sind > 5, **Zehnerübergänge** bei der Subtraktion, **keine** - 0 im Quotienten; Ergebnis **mit** Rest																				

Arithmetik – *Forts.*

(trifft nicht zu —, trifft zu +)

Name: ______________________

… Umgang mit Zahlen und Mengen 0-1000

	1	2	3	4	5	6	7	8	9	10
– beherrscht die schriftliche Division mit mehrstelligem Divisor, die Ziffern des Divisors und des Quotienten sind > 5, **Zehnerübergänge** bei der Subtraktion, **Zwischen - 0** im Quotienten; Ergebnis **ohne** Rest										
– beherrscht die schriftliche Division mit mehrstelligem Divisor, die Ziffern des Divisors und des Quotienten sind > 5, **Zehnerübergänge** bei der Subtraktion, **Zwischen - 0** im Quotienten; Ergebnis **mit** Rest										
– beherrscht die schriftliche Division mit mehrstelligem Divisor, die Ziffern des Divisors und des Quotienten sind > 5, **Zehnerübergänge** bei der Subtraktion, **End - 0** im Quotienten; Ergebnis **ohne** Rest										
– beherrscht die schriftliche Division mit mehrstelligem Divisor, die Ziffern des Divisors und des Quotienten sind > 5, **Zehnerübergänge** bei der Subtraktion, **End - 0** im Quotienten; Ergebnis **mit** Rest										
– beherrscht die Überschlagrechnung										
– beherrscht die schriftliche Division, wenn sie / er die **End – 0** herunterholen muss, weil die vorhergehende Teildivision aufgeht										
– beherrscht die schriftliche Division, wenn sie / er **Null** dividieren muss, es erscheint eine **Zwischen – Null** im Quotienten										
– beherrscht die schriftliche Division, wenn sie / er **Null** dividieren muss, es erscheint eine **End– Null** im Quotienten										
– beherrscht die schriftliche Division, wenn der Teildividend **kleiner** als der Divisor ist, es erscheint eine **0 im Ergebnis**										
– beherrscht die schriftliche Division, wenn der Quotient eine Dezimalzahl wird										
– beherrscht die schriftliche Division, wenn der Dividend eine Dezimalzahl ist und der Quotient auch eine Dezimalzahl ergibt										
– beherrscht die schriftliche Division, wenn der Dividend, und der Divisor eine Dezimalzahl sind und der Quotient **keine** Dezimalzahl ergibt										
– beherrscht die schriftliche Division, wenn der Dividend, und der Divisor eine Dezimalzahl sind und der Quotient eine Dezimalzahl ergibt										
– beherrscht Sachaufgaben zur schriftlichen Division										
– beherrscht Sachaufgaben, in denen Grundrechenarten mit einander verknüpft werden										

(trifft nicht zu —, trifft zu +)

Name

4. Umgang mit Zahlen und Mengen > 1.000	1	2	3	4	5	6	7	8	9	10
– beherrscht die Zahlen im Zahlenraum > 1000										
– beherrscht das Stellenwertsystem und seine Erweiterungen										
– kann Ziffern und Zahlen in das Zahlenhaus einordnen										
– kann große Zahlen lesen und schreiben										
– beherrscht den Umgang mit dem Taschenrechner										
– kann auf Grund von Überschlagrechnungen die Richtigkeit des Ergebnisses bestimmen										

5. Umgang mit Brüchen und Dezimalzahlen										
– kann den Bruch als Teil eines Ganzen definieren										
– kann die Bestimmungsstücke eines Bruches erklären (Zähler, Nenner, Bruchstrich)										
– kann Bruchteile benennen										
– kann Bruchteile auf verschiedene Arten visualisieren										
– kann Bruchzahlen lesen und schreiben										
– kann Brüche erweitern										
– kann Brüche kürzen										
– kann Brüche auf einem langen Bruchstrich kürzen										
– erkennt die Gleichwertigkeit von Brüchen										
– kann gleichnamige Brüche addieren										
– kann gleichnamige Brüche subtrahieren										
– kann unechte Brüche in gemischte Zahlen verwandeln										
– kann gemischte Zahlen in unechte Brüche verwandeln										
– kann ungleichnamige Brüche addieren										
– kann ungleichnamige Brüche subtrahieren										
– kann Brüche multiplizieren										
– kann Brüche dividieren										
– kann aus Brüchen Dezimalzahlen entwickeln										
– kann Dezimalzahlen lesen und schreiben										
– kann Brüchen Dezimalzahlen zuordnen										
– kann Dezimalzahlen Brüchen zuordnen										
– kann gemischte Brüche in Dezimalzahlen umwandeln										
– kann Dezimalzahlen in gemischte Brüche umwandeln										

Arithmetik – *Forts.*

(trifft nicht zu —, trifft zu +)

Name

... Umgang mit Brüchen und Dezimalzahlen	1	2	3	4	5	6	7	8	9	10
– kann die Kürzel z h t usw. richtig in das Stellenwertsystem eintragen										
– kann Dezimalzahlen in das Zahlenhaus eintragen										
– kann Sachaufgaben mit Brüchen lösen										
– kann Sachaufgaben mit Dezimalzahlen lösen										
– kann Sachaufgaben mit Mischformen (Brüche und Dezimalzahlen) lösen										

6. Umgang mit €- und Cent-Beträgen

– kennt alle € - und Cent – Münzen										
– kann den Münzen Sachwerte zuordnen										
– kennt alle € - Scheine										
– kann den Scheinen Sachwerte zuordnen										
– kann einen vorgegebenen Betrag legen										
– kann kleinere € - und Cent – Stücklungen in größere Einheiten wechseln										
– kann größere € - und Cent – Einheiten in kleinere Stücklungen wechseln										
– kann einen Betrag in unterschiedlichen Stücklungen darstellen										
– kann einen Betrag in die kleinstmögliche Anzahl von Münzen und / oder Scheinen wechseln										
– kann Wechselgeld herausgeben auf										
▪ einstellige Cent- Beträge (bis 0,09 €)										
▪ mehrstellige Cent- Beträge (bis 0,99 €)										
▪ einstellige € - Beträge (1,00 – 9,00 €)										
▪ mehrstellige € - Beträge (10,00 – 100,00 €)										
– beherrscht Sachaufgaben										

7. Umgang mit Längen

– kann verschiedene Objekte nach ihrer Länge ordnen										
– kann mit verschiedenen Messgeräten Längen abmessen										
▪ selbstentwickelte Längenmaße aus der Umwelt (Heft, Bindfaden, Tischbreite)										
▪ Lineal										
▪ Geo-Dreieck										

(trifft nicht zu —, trifft zu +)

Name

... Umgang mit Längen

	1	2	3	4	5	6	7	8	9	10
▪ Zentimetermaß										
▪ Gliedermaßstab (Zollstock)										
▪ Bandmaß										
– beachtet die Null beim Anlegen des Messwerkzeuges										
– kann Längen miteinander vergleichen										
– kann den Längen Objekte zuordnen										
– kennt die Maßeinheiten:										
▪ Millimeter (mm)										
▪ Zentimeter (cm)										
▪ Meter (m)										
▪ Dezimeter (dm)										
▪ Kilometer (km)										
– kann Längen in größere Einheiten umrechnen										
– wählt zum Messen und umrechnen zweckmäßige Maßeinheiten aus										
– kann Längen in kleinere Einheiten umrechnen										
– kann Sachaufgaben lösen										

8. Umgang mit Zeit und Uhr

– kennt die Zeiteinheiten										
▪ Sekunde										
▪ Minute										
▪ Stunde										
▪ Tag										
▪ Woche										
▪ Monat										
▪ Jahr										
– kann Zeiteinheiten einschätzen										
▪ Tag										
▪ Stunden										
▪ Minuten										
▪ Sekunde										
– kann an der Uhr ablesen										
▪ volle Stunden										
▪ halbe Stunden										

Arithmetik – *Forts.*
(trifft nicht zu —, trifft zu +)

Name

... Umgang mit Zeit und Uhr	1		2		3		4		5		6		7		8		9		10	
▪ viertel Stunden																				
▪ Minuten																				
▪ 10 Minuten vor...																				
▪ 10 Minuten nach...																				
▪ 5 Minuten vor...																				
▪ 5 Minuten nach...																				
▪ alle übrigen Minuten																				
– kann Zeiten messen und vergleichen																				
– kann Zeiteinheiten umrechnen (Minuten in Stunden etc.)																				
– kann dezimale Zeitangaben umrechnen (1,2 Stunden)																				
– kann Zeiten addieren / subtrahieren																				
– kann Zeitspannen berechnen																				
– kann die Zeitdauer berechnen																				
– kann Sachaufgaben lösen																				

9. Umgang mit Gewichten																				
– kann auf einer Balken- oder Tellerwaage das Gleichgewicht herstellen																				
– kennt die Maßeinheiten:																				
▪ Gramm																				
▪ Kilogramm																				
▪ Tonne																				
▪ Pfund																				
▪ Zentner																				
▪ Doppelzentner																				
– kann den Gewichten Objekte zuordnen																				
– kann mit verschiedenen Messgeräten Gewichte bestimmen																				
▪ Küchenwaage																				
▪ Messbecher																				
▪ Personenwaage																				
▪ Briefwaage																				
– kann Gewichte in größere Einheiten umrechnen																				
– kann Gewichte in kleinere Einheiten umrechnen																				
– kann Sachaufgaben lösen																				

Name

10. Umgang mit Hohlmaßen	1	2	3	4	5	6	7	8	9	10
– kann Flüssigkeitsbehältnisse nach ihrem Volumen ordnen										
– kann mit verschiedenen Messgeräten Flüssigkeit abmessen										
▪ Hohlkörper aus der Umwelt (Joghurtbecher etc.)										
▪ Messbecher										
▪ Pipette										
– kann Flüssigkeitsmengen miteinander vergleichen										
– kann den Hohlmaßen Objekte zuordnen										
– kennt die Maßeinheiten:										
▪ Milliliter (ml, cm^3)										
▪ Liter (l, dm^3)										
▪ Kubikmeter (m^3)										
▪ Hektoliter (hl)										
– kann Volumina in größere Einheiten umrechnen										
– kann Volumina in kleinere Einheiten umrechnen										
– kann Sachaufgaben lösen										

11. Schlussrechnung										
– beherrscht den Zweisatz										
– beherrscht den proportionalen Dreisatz										
– beherrscht den antiproportionalen Dreisatz										
– beherrscht Sachaufgaben zur Schlussrechnung										

12. Prozentrechnung										
– beherrscht die Berechnung des Prozentwertes										
– beherrscht die Berechnung des Prozentsatzes										
– beherrscht die Berechnung des Grundwertes										
– beherrscht das Rechnen mit Formeln										
– kann Diagrammen lesen und interpretieren										
– beherrscht Diagramme als Darstellungsform										
– beherrscht Sachaufgaben zur Prozentrechnung										

(trifft nicht zu —, trifft zu +)

Name

13. Zinsrechnung	1		2		3		4		5		6		7		8		9		10	
– beherrscht die Berechnung des Zinswertes																				
– beherrscht die Berechnung des Zinssatzes																				
– beherrscht die Berechnung des Kapitals																				
– beherrscht das Rechnen mit Formeln																				
– beherrscht Sachaufgaben zur Zinsrechnung																				

Deutsch – *Forts.*
(trifft nicht zu —, trifft teilweise zu **O**, trifft zu **+**)

Name

Deutsch

(trifft nicht zu **—**, trifft teilweise zu **O**, trifft zu **+**)

Name

1. Schriftspracherwerb	1	2	3	4	5	6	7	8	9	10
– steht dem Lesen- und Schreibenlernen positiv gegenüber										
– besitzt Erfahrungen zum Schriftgebrauch										
Phonem-Graphem-Korrespondenz										
– kann Buchstaben und Zahlen unterscheiden										
– hat Buchstabenvorkenntnisse										
– kann Buchstaben abschreiben										
– kann Buchstaben nach vorherigem Ansehen aus dem Gedächtnis schreiben										
– erkennt Buchstaben										
– Buchstabendiktat										
– kann Groß- und Kleinbuchstaben unterscheiden										
Phonologische Operationen										
– erkennt Anfangsphoneme von Wörtern										
– kann buchstabieren und lautieren										
– kann Silben und einfache Wörter synthetisieren										
Technisches Lesen										
– kann Silben lesen										
– kann einfache Wörter lesen										
– kann Wörter mit mittlerem Schwierigkeitsgrad lesen										
– kann Wörter mit erweitertem Schwierigkeitsgrad lesen										
Sinnerfassendes Lesen										
– kann Wörter sinnerfassend lesen (Sinnerwartung, Sinngebung)										
– kann Sätze sinnerfassend lesen (Sinnerwartung, Sinngebung)										
– kann Texte sinnerfassend lesen (Sinnerwartung, Sinngebung)										
Technisches Schreiben										
– kann abschreiben										
– kann Wörter nach vorherigem Ansehen aus dem Gedächtnis schreiben										
– kann Wörter nach Diktat schreiben										
– kann Sätze nach Diktat schreiben										
– Schreiben im Sinnzusammenhang										
– Eigenschreibungen zu Bildvorlagen (Wörter, Sätze, Texte)										
– Eigenschreibungen nach Überschriften (Wörter, Sätze, Texte)										

Deutsch – *Forts.*
(trifft nicht zu —, trifft teilweise zu **O**, trifft zu **+**)

Name ______________________

2. Erstschreiben	1	2	3	4	5	6	7	8	9	10
– kann Buchstaben erfassen und richtig schreiben										
– kann 2-silbige Wörter in einem Zug schreiben										
– kann gleichmäßige Wortabstände halten										
– kann Sätze und Texte formgerecht schreiben										
– kann in altersgerechte Lineatur schreiben										
– kann mit Tinte schreiben										
– kann die eingeführten Buchstaben in Schreibschrift schreiben										

3. Lesen und Verstehen von Texten										
– kann bei einsilbigen Wörtern den Sinn erfassen										
– kann bei zweisilbigen Wörtern den Sinn erfassen										
– kann bei mehrsilbigen Wörtern den Sinn erfassen										
– kann bei schwierigen, zweisilbigen Wörtern den Sinn erfassen										
– kann bei schwierigen, mehrsilbigen Wörtern den Sinn erfassen										
– kann Sätze sinnerfassend lesen										
– kann kurze Texte sinnerfassend lesen										
– kann unbekannte, einfache Texte sinnerfassend lesen										
– kann unbekannte, schwierige Texte sinnerfassend lesen										
– kann Texte betont lesen										

4. Sprache/Kommunikation										
phonetisch/phonologische Ebene										
– Zahn-, Lippen-, Zungen-, Kieferstellung ohne Auffälligkeiten										
– keine Auffälligkeiten in der Aussprache										
– keine Auffälligkeiten in der Lautbildung										
morphologisch-syntaktische Ebene										
– verfügt über Satzbaupläne										
▪ S. P. O.										
▪ S. P. Ergänzung (z.B. Zeit, Raum)										
▪ S. P. AO, DO										
– Handlungssätze										
– Wunsch-, Befehls-, Fragesätze										

Deutsch – *Forts.*
(trifft nicht zu **—**, trifft teilweise zu **O**, trifft zu **+**)

Name

... Sprache/Kommunikation	1	2	3	4	5	6	7	8	9	10
semantisch-lexikalische Ebene										
– kann Artikel richtig gebrauchen (bestimmte und unbestimmte)										
– kann die richtige Personalendung setzen										
Nomen										
– kann Nomen erkennen										
– beherrscht Einzahl, Mehrzahlbildung										
– kann modifizierte Nomen verwenden (4 Fälle)										
Verben										
– kann Verben sinnentsprechend gebrauchen										
– kann treffende Verben gebrauchen										
– kann die angemessene Zeitform verwenden										
Adjektive										
– kann Adjektive sinnentsprechend gebrauchen										
– kann treffende Adjektive gebrauchen										
– kann treffende und ausdrucksstarke Adjektive verwenden										
– kann gebräuchliche Adjektive steigern										
– Fremdwörter und Namenwörter in übertragener Bedeutung										
– versteht mehr als er / sie sagt										
Dialogfähigkeit										
– kann sich vorstellen										
– kann zu Gegenständen/Sachverhalten Auskunft geben										
– kann Auskünfte einholen (Fragen stellen)										
– kann Bedürfnisse äußern										
– kann ein Erzählfeld aufbauen										
▪ mit Hilfe von Bildern										
▪ mit Hilfe von Reizwörtern										
▪ mit Hilfe eines Erzählkerns/Geschichtenanfang)										
– kann Erlebnis- und Sachganze altersgemäß versprachlichen										
– kann beim Erzählen die zeitliche Reihenfolge beachten										
– kann zuhören										
– kann an Gesprächen teilnehmen										
– kann Gesprächsführung übernehmen										

Deutsch – *Forts.*
(trifft nicht zu —, trifft teilweise zu **O**, trifft zu **+**)

Name

5. Rechtschreiben	1	2	3	4	5	6	7	8	9	10
Alphabetische Strategie										
– schreibt lautgetreu										
Orthographische Strategie										
– Längenzeichen (z.B. ie, ih, oo, ah)										
– gebraucht chs, cks, gs (richtig) statt x										
– gebraucht qu (richtig) anstelle kw										
– gebraucht v (richtig) statt f										
– gebraucht ß richtig (Gießkanne, Gras)										
– sp- und st-Schreibung am Wort- bzw. Stammanfang										
– Kürzezeichen (Konsonantenverdopplung, ck, tz)										
Morphematische Strategie										
– Vorsilbenschreibung (ver-)										
– Schreibung aufeinanderfolgender gleicher Buchstaben bei Wortzusammensetzungen (Fahrrad)										
– Schreibung von Wortfugen (Geburtztag - Geburtstag)										
– Umlautableitungen (Blatt – Blätter)										
– Auslautverhärtung (Handtuch, Staubsauger)										
Wortübergreifende Strategie										
– Herleitung der Groß- und Kleinschreibung (der doofe Computer, Mann – man)										
– Zusammen- und Getrenntschreibung										
– grammatisch bestimmte Endungen										
– Satzzeichen										

6. Textproduktion										
– schreibt nach Vorlagen (Bildern)										
– schreibt einen Satz frei										
– schreibt mehrere Sätze frei										
– kann Geschichten zu Ende erzählen										
– schreibt Geschichten frei										
▪ mit Gliederung										
– kann etwas schriftlich nacherzählen										
– kann Erlebnisse aufschreiben										
– kann Vorgänge beschreiben										
– kann einen Raum aufteilen: Briefumschlag, Postkarte										
– kann einen Lebenslauf verfassen										
– kann eine Bewerbung verfassen										
– kann Formulare ausfüllen										

Förderschwerpunkt / Bereich: ______________________________

Datum	Beschreibung der Lernausgangslage	Zone der nächsten Entwicklung	didaktisch – methodische Maßnahmen, inhaltliche Schwerpunktsetzungen sonderpädagogische Maßnahmen	Zur Unterstützung der Förderung notwendig: (Materialien, Medien etc.)

Bedürfnisgerechte berufliche Orientierung und Vorbereitung von Jugendlichen mit dem Förderschwerpunkt Lernen beim Übergang von der Schule in die Berufsausbildung

- Kooperation zur Vermeidung von Brüchen und Vorbeugung von Abbrüchen -

Was passiert, wenn man unzufrieden ist mit Arbeitsergebnissen, obwohl man meint, das Möglichste getan zu haben...?!

Man ermittelt die Ursachen, holt sich Partner ins Boot, findet Lösungswege und... handelt!

I. Die Fachkonferenz

Im Technologie- und Berufsbildungszentrum Magdeburg (tbz) - einer überbetrieblichen Bildungseinrichtung - erhalten seit 1993 junge Menschen mit behindernden Bedingungen im Lernen die Möglichkeit zur Berufsvorbereitung und Berufsausbildung.

Gemessen an den Anstrengungen des am Rehabilitationsprozess beteiligten pädagogischen Personals ist der Erfolg, der sich anhand der Bewertungskriterien Abbrecherquote, Prüfungsergebnisse und Vermittlungsquote abrechnen lässt, nicht zufriedenstellend. Diskussionen von Ursachen ergaben, dass Lösungen nicht nur in der eigenen Institution zu finden sind.

So lud das tbz am 25.01.2000 zur Fachkonferenz mit dem Titel "Wirtschaftsnahe Vorbereitung auf den Arbeitsmarkt - das aktuelle Problem bei der beruflichen Orientierung und Berufsausbildung von Jugendlichen mit besonderem Förderbedarf" ein.

Vertreter von Arbeitsamt, Kultusministerium, Staatlichem Schulamt, Jugendamt, Schulen für Lernbehinderte, Berufsbildenden Schulen, Betrieben und Freien Trägern der Berufsvorbereitung und Berufsausbildung hörten Zahlen zu den o. g. Bewertungskriterien, wobei vor allem die hohe Abbrecherquote, deren Ursachen in fehlender Sinnbildung (50%!), Sinnverlust und/oder. destruktiver Freizeitgestaltung zu erkennen sind, Aufmerksamkeit erregte.

Probleme benennen, entsprechende *Schlussfolgerungen* ziehen und gemeinsame *Lösungsansätze* finden, das war der Gegenstand der Auseinandersetzung.

Und konkret?:

Wie wirkt sich die erlebte Lernkarriere in einer Aufeinanderfolge von Maßnahmen auf die Sinnbildung aus? Entstehen Brüche in der Entwicklung? Welche Bedingungen braucht der Jugendliche für eine optimale Berufsvorbereitung?

Fünf ***Probleme*** wurden genannt:

1. Das umfangreiche Maßnahmeangebot, ob es nun um Beratungs-, Motivations-, Orientierungs-, Trainings-, Vorbereitungs-, Ausbildungs- oder Beschäftigungsangebote geht, ist selbst für Experten kaum überschaubar. Wie soll sich erst recht der Jugendliche zurecht finden?
2. Die Schule wird dem entwicklungslogischen Bedürfnis nach Arbeitstätigkeit im Jugendalter nicht gerecht. Gerade Jugendliche mit behindernden

Bedingungen im Lernen müssen praktisch tätig sein, um ihre eigenen Möglichkeiten zu erfahren und zu erkennen.

3. Das Wissen ist instabil und nicht vernetzt. Die Jugendlichen können schlecht auf Basiskenntnisse zurückgreifen, weil ihnen u. a. der Gesamtzusammenhang fehlt, um sich zu orientieren.
4. Die Wirtschaft braucht auch bei den fachlich "einfachen" Tätigkeiten Menschen, die effizient handeln, die sich Informationen verschaffen und im Team arbeiten können.
   Die Rekonstruktion der Lerngeschichten der Jugendlichen hat ergeben, dass der Einstieg in das selbst gesteuerte Lernen und das Lernen zu lernen erst mit Beginn der Berufsausbildung erfolgt. Drei Jahre Ausbildung reichen nicht aus, um wesentliche Schlüsselqualifikationen zu entwickeln.
5. Für den Jugendlichen sind Berufsbezeichnungen und die Aufzählung damit verbundener Tätigkeiten, Fähigkeiten, Fertigkeiten und Kenntnisse als stabile Orientierungsgrundlage für zielgerichtetes und langfristiges Handeln nicht ausreichend.

Er muss das Anforderungsprofil der Wirtschaft mit dem persönlichen Leistungsprofil auf der Basis von Fremd- und Selbsteinschätzung abgleichen lernen. Zur Angleichung der Profile muss er notwendige Maßnahmen nachvollziehen und Zielvereinbarungen für den nächsten Entwicklungsschritt treffen können.

Es gab und gibt Materialien zur Fortschreibung von Entwicklungswegen. Diese wichtigen Dokumente wurden aber in der Maßnahmekette nicht weiter geleitet. Auch aus diesem Grund stellt bislang der Übergang von einer Maßnahme in die andere für den Jugendlichen oft einen Bruch dar.

Folgende ***Schlussfolgerungen*** wurden formuliert:

1. Arbeitstätigkeit muss schon in der Schule in den Mittelpunkt rücken.
   Lerngegenstände, die aus der Arbeitstätigkeit abgeleitet werden, geben dem Jugendlichen einen Sinn für das Lernen. Er erfährt, dass sich Anstrengungen lohnen. Eine Möglichkeit wären Lernarrangements. *(Entwicklungslogik und Didaktik/Methodik)*
2. Instabiles Wissen resultiert aus fehlender Vernetzung von Wissen.
   Der Jugendliche braucht eine stabile Orientierungsgrundlage, die über die Aufbereitung des Lerngegenstandes in seiner entwicklungslogischen Struktur (Weltbild) zu erreichen ist. Das sichert die Transparenz und das Rückgreifen auf Basiskenntnisse. *(Didaktik/Methodik)*
3. Effizientes Handeln kann nur erlernt werden, wenn der Handelnde Schritt um Schritt Verantwortung übernimmt.
   Das betrifft auch das Lernen. Lernen lernen muss schon in der Schule beginnen. Grundlage sind selbständigkeitsfördernde Unterrichtsformen. *(Didaktik/Methodik)*
4. Im System der beruflichen Orientierung und Berufsausbildung muss ein konsequenter Perspektivwechsel erfolgen.
   Aus der Sicht des Jugendlichen müssen Anforderungen, Maßnahmen und Wege transparent und machbar werden, damit

aktive Lebensplanung möglich ist und Brüche vermieden werden. *(Dialog; Prinzip der Selbstorganisation)*

5. Kommunikation und Kooperation zwischen den Bildungsträgern ist notwendig.
   Das betrifft die Abstimmung der Inhalte und die Weitergabe von Informationen über Entwicklungsverläufe in gemeinsam erarbeiteten Dokumenten.
   (Diagnostik/Förderpläne)
   (Systemisches Denken und Vernetzung der Struktur im Interesse des gemeinsamen Zieles Integration)

Zeit zum Handeln!

Die Anwesenden beschlossen, eine Arbeitsgruppe von Fachleuten aus Bildungseinrichtungen, Schulen für Lernbehinderte und Berufsschulen zu bilden, zu der bei Bedarf auch die Partner Arbeitsamt, Jugendamt, Kultusministerium, Schulamt u. a. hinzu gezogen werden können. Ziel soll die Sicherung der beruflichen Rehabilitation im Zusammenhang mit der Senkung der Abbrüche und der Erhöhung der Integration in den ersten Arbeitsmarkt sein.

Folgende Arbeitsinhalte wurden vorgeschlagen:

- Individueller Förderplan (Kriterien/Anforderungsprofile) und dessen Fortschreibung von Schule > BVJ > Ausbildung
- Wie soll Schule berufsvorbereitend gestaltet werden?
- Praktikable Gestaltung eines Erfassungsbogens der Sonderschulen zur weiteren Verwendung von Arbeitsamt und Trägern
- Erarbeitung gemeinsamer Fortbildungsangebote
- Aufbau einer Lobby in der Wirtschaft (Zusammenarbeit mit Verbänden, Kammern...)
- Presse- und Medienarbeit

II. Die Arbeitsgruppe BOA

Am 09.03.2000 wurde die Arbeitsgruppe "Berufliche Orientierung und Ausbildung" (AG BOA) gegründet. Es wurde beschlossen, die Arbeit im institutionellen Zusammenhang und bei der Prozessgestaltung im Interesse der Integration von Jugendlichen in den ersten Arbeitsmarkt zu verknüpfen.

Damit junge Menschen mit behindernden Bedingungen im Lernen auf dem ersten Arbeitsmarkt perspektivisch eine Chance haben, müssen berufliche Orientierung, berufliche Vorbereitung und Berufsausbildung noch zielgerichteter, individuell abgestimmter, zeitlich effektiver und kostengünstiger gestaltet werden.

Das Normalitätsprinzip "So normal wie möglich, so speziell wie nötig" ist vernünftig und wird schon aus wirtschaftlich determinierten Gründen greifen. Das heißt: Zu bestimmen was speziell nötig ist, muss so geschehen, dass frühzeitig und fortlaufend eine Orientierung an den Anforderungen der Wirtschaft im kontinuierlichen Abgleich mit den individuellen Voraussetzungen des Jugendlichen erfolgt.

Wir wollen und müssen den Jugendlichen in einem langfristigen beruflichen Rehabilitationsprozess in gemeinsamer Verantwortung managen!

Sonst hat er kaum eine Chance.

Wie können wir den Jugendlichen in der gleichen Sache (Fitmachen für den ersten Arbeitsmarkt) managen (führen, lenken, begleiten)?

Am Gründungstag der Arbeitsgruppe BOA stand folgende Feststellung vom 25.01.2000 im Mittelpunkt: Im Prozess der Berufsvorbereitung und -ausbildung erfolgt ein fortlaufender Wechsel der Institutionen, der vielfältige Brüche mit sich bringt. Denn bei diesen Wechseln gehen wesentliche Informationen zum Jugendlichen und seinem individuellen Förderbedarf verloren.

Durch diese Tatsache wird die Kontinuität der Förderung erschwert. Hierin sahen viele Beteiligte eine Ursache für die hohe Zahl von Ausbildungsabbrüchen bei den Jugendlichen.

Aus diesem Grund beschloss die Arbeitsgruppe BOA einen ersten wesentlichen ***Schwerpunkt*** ihres Handelns: ***Die Erarbeitung von Materialien, die den Informationsfluss gewährleisten und dabei unterschiedliche Informationsbedürfnisse der Institutionen berücksichtigen.***

Grundlage der Arbeit war hierbei der von Sonderschulen, dem Arbeitsamt der Stadt Magdeburg und dem vds Fachverband für Behindertenpädagogik Sachsen-Anhalt in den neunziger Jahren erstellte "Erfassungsbogen zur beruflichen Eingliederung".

Schon seinerzeit war es das Ziel gewesen, wichtige Informationen an nachfolgende Einrichtungen weiterzugeben. Aus verschiedenen Gründen war dem Vorhaben kein durchgehender Erfolg beschieden.

Das Arbeitsamt wünscht von der abgebenden Schule verschiedene Daten. Den nachfolgenden berufsvorbereitenden und ausbildenden Einrichtungen geht es mehr um die Einschätzung bestimmter Leistungs- und Persönlichkeitseigenschaften.

Vor diesem Hintergrund wurden zwei Begleitbögen erarbeitet:

1. Die Information an das Arbeitsamt in Vorbereitung auf die berufliche Eingliederung - Förderschwerpunkt Lernen -

Eine Beratung mit dem Vertreter des Arbeitsamtes Magdeburg ergab, dass die konkreten berufsvorbereitenden Maßnahmen dort mit Beginn des 9. Schuljahres der Schüler einsetzen. Zu diesem Zeitpunkt werden die Angaben benötigt, die im Begleitbogen (auf S. 105) angegeben sind.

Dieses Papier wird vom Klassenleiter am Ende der 8. Klasse erstellt und bis zum 15.06. dem Arbeitsamt zugesandt. Als Anlage wird eine Kopie der laut Verordnung über die sonderpädagogische Förderung zu erstellenden Einschätzung des sonderpädagogischen Förderbedarfes beigefügt.

Die Eltern der Schüler entscheiden mit ihrer Unterschrift über die Weiterleitung der Angaben.

Die Angaben sind bewusst kurz gehalten und enthalten die für das Arbeitsamt notwendigen Informationen.

2. Der Begleitbogen zur beruflichen Orientierung und Ausbildung (BOA)

Das Informationsbedürfnis der unmittelbar an der Berufsvorbereitung beteiligten Einrichtung richtet sich darauf, möglichst umfängliche Kenntnisse über bestimmte

Kompetenzen der Persönlichkeit zu erlangen und deren Entwicklungsverlauf nachzuvollziehen.

Zur Erarbeitung eines Begleitbogens waren folgende Fragen zu klären:

1. Welche Anforderungen stellt die Wirtschaft an die Jugendlichen, um dort zu bestehen?
2. Welche Kompetenzen sollten die Jugendlichen mitbringen, um innerhalb von drei Jahren Ausbildung und Prüfungsanforderungen bewältigen zu können?
3. Wie kann man diese Kompetenzen qualitativ erfassen und in Entwicklungsstufen/Niveaustufen transparent machen, um sie ohne Brüche im individuellen Förderprozess in der institutionellen Kette als gemeinsames diagnostisches Instrument nutzen zu können?
4. Wie kann ich den Abgleich von Anforderungen und individuellen Kompetenzen am wirksamsten veranschaulichen unter Berücksichtigung der Interessen und der Sprache
   a) aller beteiligten Personen:
   Jugendlicher, Lehrer, Ausbilder, Sozialpädagoge, Berufsberater
   b) der institutionellen Kette:
   Schule, BVJ, berufliche Vorbereitung, Ausbildung?
5. Wie kann erreicht werden, dass diese Kompetenzen/Merkmale von allen Beteiligten nach gleichen Parametern eingeschätzt bzw. interpretiert werden?
6. Wie wird eine Aktualität der Einschätzung erreicht?
7. Wie wird der Informationsfluss gesichert?
8. Was ist unter dem Gesichtspunkt des Datenschutzes zu beachten?

Begonnen haben wir mit dem Schwerpunkt Rechnen. Als Arbeitsgruppe diente uns der entwicklungslogisch strukturierte Lerngegenstand Mathematik, *Weltbild Mathematik* genannt (s. S. 98).

Mit der Bezeichnung *Weltbild Mathematik* soll gezeigt werden, in welcher Reihenfolge und in welcher Vernetzung sich das Kind die Welt der Zahlen und des Raumes aneignet.

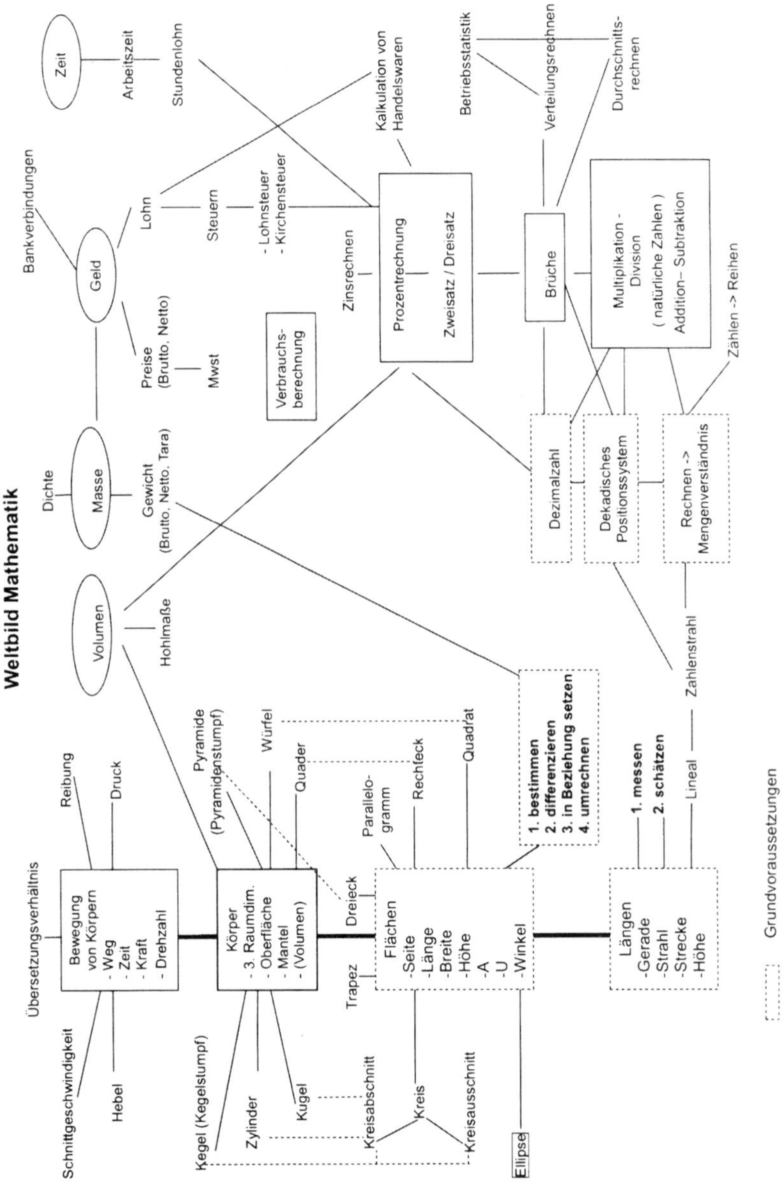
Weltbild Mathematik
Zeit
Arbeitszeit
Stundenlohn
Geld
Bankverbindungen
Lohn
Steuern
- Lohnsteuer
- Kirchensteuer
Preise (Brutto, Netto)
Mwst
Kalkulation von Handelswaren
Betriebsstatistik
Verteilungsrechnen
Durchschnitts-rechnen
Zinsrechnen
Prozentrechnung
Zweisatz / Dreisatz
Verbrauchs-berechnung
Brüche
Multiplikation - Division (natürliche Zahlen) Addition– Subtraktion
Zählen -> Reihen
Masse
Dichte
Gewicht (Brutto, Netto, Tara)
Dezimalzahl
Dekadisches Positionssystem
Rechnen -> Mengenverständnis
Volumen
Hohlmaße
Zahlenstrahl
1. bestimmen
2. differenzieren
3. in Beziehung setzen
4. umrechnen
Übersetzungsverhältnis
Reibung
Druck
Bewegung von Körpern
- Weg
- Zeit
- Kraft
- Drehzahl
Schnittgeschwindigkeit
Hebel
Pyramide (Pyramidenstumpf)
Würfel
Quader
Körper
- 3. Raumdim.
- Oberfläche
- Mantel
- (Volumen)
Kegel (Kegelstumpf)
Zylinder
Kugel
Dreieck
Trapez
Parallelo-gramm
Rechteck
Quadrat
Flächen
-Seite
-Länge
-Breite
-Höhe
-A
-U
-Winkel
Kreisabschnitt
Kreis
Kreisausschnitt
Ellipse
1. messen
2. schätzen
Lineal
Längen
-Gerade
-Strahl
-Strecke
-Höhe
Grundvoraussetzungen

Warum ist dieser bewusste Zugang so wesentlich?:

Ein junger Mensch mit behindernden Bedingungen im Lernen kann sich nicht zum "Mathe-Ass" entwickeln. Er kann sich aber ein stabiles Basiswissen aneignen.

Bedingung ist, dass der Jugendliche weiß, was er tut, wenn er rechnet.

Rechenaufgaben sollten die verallgemeinerte Form praktischer Handlungen sein. Dann sind sie sinnvoll und nachvollziehbar.

Inhalte von Rahmenrichtlinien und Lehrplänen im Fach Mathematik müssen so entwicklungslogisch strukturiert sein, dass sich aus dem Inhalt als Basis ein neuer aufbauend erarbeiten lässt.

Lernbehinderte Kinder und Jugendliche erwerben vor allem auf handlungsorientierter Grundlage Wissen erfolgreich. Gleichzeitig brauchen sie eine klare Orientierung dazu, wie die Inhalte miteinander verknüpft sind. Zu dieser klaren Orientierung gehört, dass der Jugendliche weiß:

1. DAS muss ich wirklich im Schlaf können!
2. DAS muss ich zielgerichtet anwenden können!
3. DAS muss ich kennen. Wenn ich es brauche, dann finde ich den Lösungsweg/die Antwort bzw. Hilfe dort ...

Diese Vernetzung muss für den Jugendlichen transparent sein und somit gleichzeitig als Weg zum Ziel zur Verfügung stehen. Somit kann er sich Wissen bewusst aneignen, weil er in Strukturen denkt. Das Wissen und die damit verbundenen Erfahrungen sind rekonstruierbar, was für den Jugendlichen mit behindernden Bedingungen im Lernen bedeutsam ist. Es können Erfahrungen erinnert und logisch wieder aufgebaut werden.

Die Arbeitsgruppe BOA ist in folgenden Schritten vorgegangen:

1. Schritt:

- Die Prüfungsaufgaben in den Berufen nach § 48 BBiG wurden analysiert, gebündelt und in die vernetzte Struktur des Weltbildes Mathematik eingeordnet.
- Es wurde das stabile, anwendungsbereite Basiswissen festgelegt, worüber der Jugendliche bei Eintritt in die Berufsausbildung nach § 48 BBiG verfügen sollte.
  In diesem Zusammenhang wurden die Probleme benannt, die generell bei der Feststellung der Eingangsleistungen zu Beginn der Berufsausbildung deutlich werden.

2. Schritt:

- Wir haben das analysierte Verhältnis von erforderlichem Basiswissen und den Problemen der Jugendlichen mit Vertretern der Schulen für Lernbehinderte diskutiert und Schlussfolgerungen für die Gestaltung der Rahmenrichtlinien in Orientierung auf den Beruf gezogen.
  Von fundamentaler Bedeutung war dabei die Aneignung von
  - Grundwissen in Geometrie (als Orientierung im Raum) und
  - Lösungsalgorithmen (im Sinne von Methodenkompetenz).

3. Schritt:

- Um die individuelle Leistungsentwicklung der Jugendlichen zu erfassen und kommunizieren zu können, musste erst einmal die gegenstandsbezogene Lern- und Kompetenzentwicklung bestimmt werden, die für die Schule und für die nachfolgenden Bildungseinrichtungen bedeutsam ist.
- Wir haben dazu gemeinsame Ansätze zu den einzelnen Lerngegenständen und den Grad der Beherrschung herausgearbeitet. Gleiches galt auch für die Beurteilung von Verhalten (s.S. 106: Begleitbogen zur Beruflichen Orientierung und Ausbildung).

  Die überaus große Rolle der mathematischen Kenntnisse und Fertigkeiten wurde deutlich. Wir orientierten uns bei der Beherrschung der Kulturtechnik Rechnen (Mathematik) am Grad der Aneignung/Verinnerlichung (konkret: 1, abstrakt: 2, geistig konkret: 3). Für ein besseres Verständnis und entsprechende Handhabbarkeit sind diese Grade durch Beschreibung der Qualität des Handelns - auch Stufen des bewussten Handelns - bei konkreten Aufgaben ersetzt worden (s.S. 108: Kriterienkatalog...).
- Bei den Kulturtechniken Lesen, Schreiben, Sprechen (Kommunikationsfähigkeit) standen wesentliche Bestandteile des muttersprachlichen Bereichs im Mittelpunkt.

  Es gab die mehrheitliche Auffassung, dass hauptsächlich von der Norm abweichende Symptome Beurteilungsparameter sein sollten und nicht der Grad der Aneignung / Verinnerlichung. Der Defizitansatz erschien den Teilnehmern mehrstimmig "praktikabler" als der Kompetenzansatz (s.S. 108: Kriterienkatalog ...).
- Für die Beurteilung des Arbeits-, Lern- und Sozialverhaltens wurde der im tbz erarbeitete Diagnostikbogen (ALV) vollständig übernommen. Die Arbeitsgruppe war der Auffassung, dass damit die für die Förderung in der Berufsausbildung wesentlichen Persönlichkeitsbereiche erfasst sind. Das Besondere daran ist die Beurteilung des Verhaltens aus zwei Perspektiven (s.S. 109: ALV-Diagnostik).

  Die Beurteilung aus der Außenperspektive ist das, was vom pädagogischen Personal an Einschätzung weiter gegeben wird (Beobachter).

  Die Innenperspektive widerspiegelt die Sicht des Jugendlichen in Beziehung zu seinem Handeln. Die Kriterien sind in der ICH-Form beschrieben und ermöglichen eine fundierte Selbsteinschätzung. Die Selbsteinschätzung ist gleichzeitig wesentlich für selbst gewollte Veränderungen.

4. Schritt:

- Damit der Jugendliche seinen Entwicklungsstand und Entwicklungsfortschritte besser erfassen und verfolgen kann, wurden Visualisierungshilfen für den Dialog erarbeitet (s.S. 114). Sie können in einem hohen Maß Orientierung und Motivation für individuelle Zielvereinbarungen sichern.

Der ***Begleitbogen*** wurde so gestaltet, dass alle an der Berufsausbildung beteiligten Einrichtungen möglichst aktuelle

Einschätzungen erhalten und die Übersichtlichkeit gewahrt bleibt.

Die abgebende Schule erfasst den Entwicklungsstand der Persönlichkeit am Ende des Abgangsschuljahres. Hiermit ist gleichzeitig die jährlich zu erstellende Einschätzung des "Sonderpädagogischen Förderbedarfes" realisiert.

Die Einrichtung, an welcher der Jugendliche das Berufsvorbereitungsjahr absolviert, fordert die Unterlagen von der Schule ab und aktualisiert sie nach dessen Beendigung. Die Unterlagen sollen nun über den Berufsberater des Arbeitsamtes an die nachfolgende Ausbildungseinrichtung oder an den Träger eines Förderlehrganges weitergeleitet werden.

Hier erfolgt am Ende der Maßnahme eine Einschätzung.

Der "Weg" des Begleitbogens

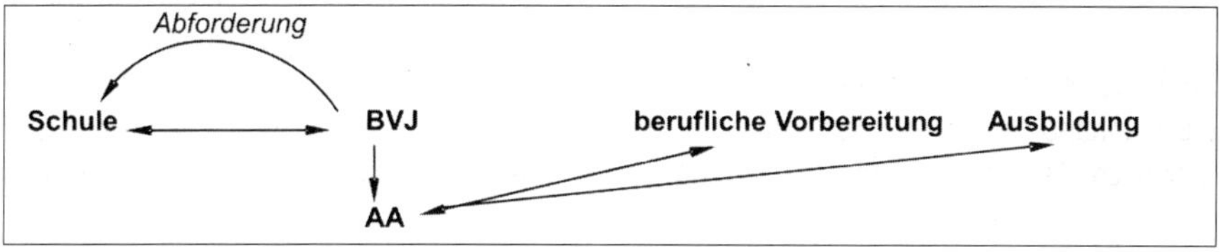

Auf diese Weise sollte der Informationsfluss gesichert sein. Jeder mit der Ausbildung des Jugendlichen Befasste kann zu Beginn seiner Arbeit den Entwicklungsstand mit Hilfe des **Kriterienkatalogs** einschätzen und Maßnahmen ableiten. Zunehmend werden die Materialien zur Selbsteinschätzung mit entsprechenden **Visualisierungshilfen** einbezogen.

Um die Möglichkeit der persönlichen Rücksprache zu gewähren, werden Einrichtung und Name des Lehrers/ Ausbilders und dessen Erreichbarkeit angegeben.

Die im Begleitbogen dargelegten Einschätzungen unterliegen der Vertraulichkeit. Sie werden ausschließlich innerhalb der entsprechenden Einrichtung genutzt. Die Jugendlichen - im Falle deren Minderjährigkeit ihre Eltern - erhalten Einsicht in das Material. Sie entscheiden, ob eine Weitergabe erfolgen darf.

Fazit:

Mit dem Begleitbogen wurde ein Instrument für das pädagogische Personal der Institutionen Schule > BVJ > berufliche Vorbereitung > Ausbildung erarbeitet, das notwendige Informationen über Entwicklungsfortschritte des Jugendlichen

- in komprimierter Form,
- auf das Wesentliche reduziert,
- einfach strukturiert und überschaubar,
- transparent und
- auf wenig Papier

erfasst.

Es sind die Entwicklungslogik, die individuellen Entwicklungsbedürfnisse und der Dialogansatz berücksichtigt. Der Jugendliche wird einbezogen. Die Erarbeitung geschah im Interesse des Jugendlichen und einer effizienten pädagogischen Arbeit ohne Brüche.

Im Schuljahr 2000/01 wurden die Materialien erstmals von den Schulen für Lernbehinderte der Stadt Magdeburg verwendet und dem Arbeitsamt bzw. der Einrichtung, in der das BVJ durchgeführt wird, zugestellt.

3. Die Förderplanung

Zu Förderplänen der Primar- und Sekundarstufe anhand des Kriterienkatalogs "Berufliche Orientierung und Ausbildung"

Im Land Sachsen-Anhalt kommen derzeit ca. 5% der Schülerinnen und Schüler mit den Lernangeboten der allgemeinen Schule nicht zurecht. Das sind ca. 20.000 Kinder und Jugendliche. Sie werden nach erfolgter Diagnostik des sonderpädagogischen Förderbedarfs in Schulen für Lernbehinderte bzw. Schulen mit Ausgleichsklassen überwiesen oder als Schülerinnen und Schüler in Klassen der allgemeinen Schule im gemeinsamen Unterricht, mit mehr oder weniger umfangreicher sonderpädagogischer Unterstützung beschult.

Ein Kind mit sonderpädagogischem Förderbedarf hat einen Anspruch darauf, dass es in der Schule besondere Angebote erfährt. Den gleichen Anspruch hat natürlich auch ein Kind, welches bei festgestelltem sonderpädagogischen Förderbedarf integriert gefördert wird. Dort gibt es für praktikable Förderpläne einen besonderen Bedarf. Wo mehrere Personen sich die pädagogische Verantwortung für diese Schüler teilen, bedarf es einer gemeinsamen Arbeitsgrundlage - eines Förderplans[1].

Der mit der Verordnung über die sonderpädagogische Förderung aus dem Jahr 2001 verbundene Auftrag im Land Sachsen-Anhalt mit Förderplänen zu arbeiten kann durch die entwickelten Förderpläne der Arbeitsgruppe "Berufliche Orientierung und Ausbildung" für die Primar- und Sekundarstufe übersichtlich und effektiv erfolgen.

Das sonderpädagogische Gutachten, das am Ende eine Empfehlung zur Förderung und eventuell auch zur Förderplanarbeit enthält, wird meist nicht von der Pädagogin oder dem Pädagogen geschrieben, der später auch mit dem Kind oder dem Jugendlichen arbeiten wird. Jene Vorschläge werden mit der jetzigen Klassenleiterin oder dem Klassenleiter besprochen. Werden sie auch angenommen und können sie umgesetzt werden?

Die Erfahrungen zeigen, dass die aufgestellten Forderungen zur Förderung durch andere vernachlässigt oder gar ignoriert werden. Die Ratschläge zur Förderarbeit werden durch jeweils unterschiedliche Herangehensweisen und Sichten sehr subjektiv gewertet und umgesetzt. Der Auftrag der Förderung bleibt dennoch für jede Schulform erhalten. Zu hinterfragen ist: Wie realisiere ich ihn? und Wie vermeide ich Brüche?

In der Praxis haben sich Formen von Förderplänen bewährt, die schülerbezogen, individuell und unabhängig vom Lernort einsetzbar sind.

Der Förderplan der Sekundarstufe

Ein Förderplan stellt die Verschriftlichung des Förderprozesses dar und sollte daher auch seine Etappen widerspiegeln. Die
Diagnostik des sonderpädagogischen Förderbedarfs kann dafür den Ausgang bilden. Ebenso kann dies im Prozess der Förderung die Lernstandsanalyse sein. Ausgehend von den Kriterien des BOA - Begleitbogens, der Aussagen zu Kompetenzen der Jugendlichen für eine berufliche Ausbildung macht, beinhaltet dieser Förderplan der Sekundarstufe jene Kompetenzen, die am Ende des Bildungsgangs der Schule für Lernbehinderte erreicht werden sollten. Hierzu zählen vor allem die Kompetenzen für die Kulturtechniken (Mathematik: Grundrechenarten, Längen und Flächen; Deutsch: Lesen, Schreiben und Lautsprache) und jene für die Bereiche Arbeiten, Lernen und Verhalten.

Die Inhalte dieser Förderpläne sind nicht so zu verstehen, dass alle aufgenommenen Positionen bearbeitet werden müssen. Sie sind vielmehr eine Erinnerungshilfe, welche die Lehrkraft davor bewahren soll, wichtige Aspekte zu übersehen. Gleichfalls können andere Aspekte und Informationen zu jeder Zeit ergänzt oder erweitert werden.

Neben diesen verbal zu formulierenden Zielen, Maßnahmen und Ergebnissen ermöglicht der Förderplan der Sekundarstufe eine Fremdeinschätzung. Diese kann am Anfang einer Etappe und an ihrem Ende eine mögliche Qualitätsentwicklung verdeutlichen und wird als Fremdeinschätzung durch die Lehrerin oder den Lehrer gegeben. Durch Aneinanderreihen wird so eine Übersicht von mehreren Etappen, möglicherweise über Jahre, dokumentiert.

In höheren Klassenstufen (ab Klasse 7 empfohlen) kann der Vergleich mit den Selbsteinschätzungen der Schülerinnen und Schüler für den Dialog (s.S. 114/115) hilfreich sein.

In dem hier vorgestellten Förderplan (s.S. 116) werden Förderziele und Fördermaßnahmen formuliert. Am Ende einer zeitlich begrenzten Etappe erfolgt die Auswertung und Ergebniskontrolle, in die einzelne Zielstellungen als auch komplexe Bereiche einbezogen werden können.

Das Formulieren des konkret Erreichten und der Vergleich mit den Zielsetzungen bilden die Lernausgangslage für die nächste Etappe. An dieser Stelle ist stets zu hinterfragen, welche besonderen Lernprobleme die Lernsituation weiterhin bestimmen bzw. ob und welcher sonderpädagogische Förderbedarf weiterhin besteht. Diese Frage stellt sich nicht erst am Ende des Bildungsganges der Schule für Lernbehinderte in Klasse 9, sondern bildet ein grundlegendes Ziel dieser Schulform, wie aus dem Grundsatzerlass des Kultusministeriums deutlich wird:

"Die Schule für Lernbehinderte fördert die kognitiven Potenzen der Schülerinnen und Schüler. Sie vermittelt Grundfertigkeiten in den Kulturtechniken und den Abschluss der Schule für Lernbehinderte. Es sollen Fähigkeiten und Fertigkeiten entwickelt werden, die eine Überweisung in sonstige allgemeinbildende Schulen offen halten bzw. einen optimalen Übergang in die berufsbildenden Schulen vorbereiten." [2]

Der Entwicklungsstand der Kinder und Jugendlichen ist stets mit den Eltern zu besprechen und ihnen zur Kenntnis zu geben. Die Eltern erhalten mit Einsicht in die Förderpläne den aktuellen Stand der Förderplanarbeit sowie die Perspektive auf die nächsten Ziele. Auf dem Deckblatt des Förderplans können vereinbarte Termine und Unterschriften der Eltern dokumentiert werden.

Der Förderplan der Primarstufe

Die Entwicklung des Förderplans der Primarstufe (s.S. 121) folgte im wesentlichen der Gliederung des Förderplans der Sekundarstufe unter Verzicht der Spalte "Fremdeinschätzung" mit einer Auflistung elementarer Förderbereiche der kindlichen Entwicklung. Hier wird ausschließlich auf eine verbale Einschätzung abgezielt, die den Förderbedarf als Ausgangssituation, dann die sonderpädagogische Förderung, die Fördermaßnahmen und Ziele sowie den weiterbestehenden Förderbedarf festhält. Die vorgeschlagene Gliederung in die Bereiche Lesen, Schreiben, Mathematik, produktives Denken, sprachlicher Bereich, Grobmotorik, Wahrnehmung und sozial-emotionaler Bereich kann individuell erweitert bzw. verändert werden.

Es ist abzuwarten, inwieweit sich die mit dem Material verbundenen Erwartungen erfüllen. Die Arbeitsgruppe BOA arbeitet weiter. Nunmehr geht es um die Erarbeitung von Dokumenten, welche die durchgängige Förderplanung für jeden Schüler und Jugendlichen von der Schule über die Berufsvorbereitung bis zur Berufsausbildung und Orientierung in persönlichen Problemlagen ermöglichen. Gegenwärtig erarbeitet die Arbeitsgruppe einen Wegweiser für Jugendliche, mit dessen Hilfe sie selbständig Lösungen für ihr Probleme finden können. Ein Wegweiser, an dem sie sich in der Stadt Magdeburg orientieren und mit dem sie hilfreiche Kontakte herstellen können.

Auch die Diskussion in den beteiligten Schulen geht weiter zu Fragen wie:

- Welche Kompetenzen müssen die Abgänger der Schule für Lernbehinderte haben, um auf die Berufsausbildung vorbereitet zu sein?
- Welche Inhalte der Rahmenrichtlinien sind verstärkt zu beachten, welche sollten weniger Beachtung finden?
- Wie gestalten wir die Berufsvorbereitung praxisnah und interessenbezogen?

Für Diskussionsstoff ist also gesorgt.

Literatur:
1 Arnold, K.-H./Kretschmann, R.: Leitfaden für Förder- und Entwicklungspläne. In: Zeitschrift für Heilpädagogik 9/1999.
2 RdErl. MK Die Arbeit in der Schule für Lernbehinderte, 26.7.1993, SVBl. 11/1993.

Ansprechpartner:
Axel Harms
Lutz Schörner
Carola Schwager
über:
tbz Magdeburg
Elbstraße 2
39104 Magdeburg

Schule:

INFORMATIONEN an das Arbeitsamt
in Vorbereitung auf die berufliche Eingliederung
- Förderschwerpunkt Lernen -
Termin: 15.6. (Klassenstufe vor Abgangsklasse)

1) **Name, Vorname**: ....

Wohnanschrift: ....

....

geboren am: ....

2) **Jahr der Einschulung:** .... sonderpädagogischer Förderbedarf seit: ....

zu erwartender Schulabschluss:
- ○ Abgang aus Klasse ....
- ○ Abschluss der Schule für Lernbehinderte
- ○ Hauptschulabschluss ....

3) **Berufswünsche nach eigener Aussage:** ....

....

....

4) **besondere Interessen:** ....

....

....

5) **gesundheitliche Einschränkungen** (lt. Aussagen der Eltern):

....

....

....

6) **Erziehungsberechtigte** (Name und Anschrift falls abweichend von oben):

....

....

7) **Anlagen:**
- aktuelle Einschätzung des sonderpädagogischen Förderbedarfs
- Einschätzung des letzten Betriebspraktikums

Ort, Datum: ....

Klassenleiter: .... Schulleiter: ....

Mit der Weiterleitung der Angaben und insbesondere der Anlagen an den zuständigen Berater des Arbeitsamtes sind wir / bin ich einverstanden.

Ort, Datum: ....

Unterschrift der/des Erziehungsberechtigten ....

Begleitbogen zur Beruflichen Orientierung und Ausbildung (BOA)
Schule ‣ BVJ ‣ berufliche Vorbereitung ‣ Ausbildung

Name: .... **Geburtsdatum:** ....

Vorname: ....

Wohnanschrift: ....

....

	Name der Einrichtung	von ... bis ...	Berufsfelder
Schule	....	....	....
	....	....	....
BVJ	....	....	....
	....	....	....
berufliche Vorbereitung	....	....	....
	....	....	....
Ausbildung	....	....	....
	....	....	....

Entwicklungsstand nach Kriterienkatalog BOA

	Schule			BVJ			berufliche Vorbereitung			Ausbildung		
Lerngegenstand	**Mathematik** (Aneignungsgrad ‣‣‣)											
Grundrechenarten												
Addition	1	2	3	1	2	3	1	2	3	1	2	3
Subtraktion	1	2	3	1	2	3	1	2	3	1	2	3
Multiplikation	1	2	3	1	2	3	1	2	3	1	2	3
Division	1	2	3	1	2	3	1	2	3	1	2	3
Dekadisches Positionssystem	1	2	3	1	2	3	1	2	3	1	2	3
Dezimalzahlen	1	2	3	1	2	3	1	2	3	1	2	3
Längen												
Strecke	1	2	3	1	2	3	1	2	3	1	2	3
Einheiten	1	2	3	1	2	3	1	2	3	1	2	3
Flächen												
Eigenschaften	1	2	3	1	2	3	1	2	3	1	2	3
Inhalt (A)	1	2	3	1	2	3	1	2	3	1	2	3
Umfang (U)	1	2	3	1	2	3	1	2	3	1	2	3
Arten (Varianten)												
- Rechteck	1	2	3	1	2	3	1	2	3	1	2	3
- Quadrat	1	2	3	1	2	3	1	2	3	1	2	3
- Dreieck	1	2	3	1	2	3	1	2	3	1	2	3
- Parallelogramm	1	2	3	1	2	3	1	2	3	1	2	3
- Trapez	1	2	3	1	2	3	1	2	3	1	2	3
- Kreis	1	2	3	1	2	3	1	2	3	1	2	3
- Ellipse	1	2	3	1	2	3	1	2	3	1	2	3

	Schule			BVJ			berufliche Vorbereitung			Ausbildung		
Lerngegenstand	**Kulturtechniken Lesen, Schreiben, Sprechen** („Norm" ►►►)											
Lesen												
Lesetechnik	1	2	3	1	2	3	1	2	3	1	2	3
selbst. Sinnerfassung	1	2	3	1	2	3	1	2	3	1	2	3
Fachtexte verstehen	1	2	3	1	2	3	1	2	3	1	2	3
Schreiben												
Rechtschreibung	1	2	3	1	2	3	1	2	3	1	2	3
Schreibgeschwindigk.	1	2	3	1	2	3	1	2	3	1	2	3
Lautsprache												
Dialog	1	2	3	1	2	3	1	2	3	1	2	3
zusammenhängend	1	2	3	1	2	3	1	2	3	1	2	3
Sprachstörung												

	Schule					BVJ					berufliche Vorbereitung					Ausbildung				
	Arbeiten, Lernen, Verhalten (ALV)																			
ARBEITEN																				
Einstellung zur Arbeit	1	2	3	4	5	1	2	3	4	5	1	2	3	4	5	1	2	3	4	5
Handgeschick	1	2	3	4	5	1	2	3	4	5	1	2	3	4	5	1	2	3	4	5
Ordnungsbereitschaft	1	2	3	4	5	1	2	3	4	5	1	2	3	4	5	1	2	3	4	5
Sorgfalt	1	2	3	4	5	1	2	3	4	5	1	2	3	4	5	1	2	3	4	5
Arbeitsqualität	1	2	3	4	5	1	2	3	4	5	1	2	3	4	5	1	2	3	4	5
Arbeitstempo	1	2	3	4	5	1	2	3	4	5	1	2	3	4	5	1	2	3	4	5
Ausdauer	1	2	3	4	5	1	2	3	4	5	1	2	3	4	5	1	2	3	4	5
Teamarbeit	1	2	3	4	5	1	2	3	4	5	1	2	3	4	5	1	2	3	4	5
Alleinarbeit	1	2	3	4	5	1	2	3	4	5	1	2	3	4	5	1	2	3	4	5
Flexibilität	1	2	3	4	5	1	2	3	4	5	1	2	3	4	5	1	2	3	4	5
Arbeitsplanung	1	2	3	4	5	1	2	3	4	5	1	2	3	4	5	1	2	3	4	5
Kritikfähigkeit	1	2	3	4	5	1	2	3	4	5	1	2	3	4	5	1	2	3	4	5
LERNEN																				
Konzentrationsfähigkeit	1	2	3	4	5	1	2	3	4	5	1	2	3	4	5	1	2	3	4	5
Auffassungsvermögen Praxis	1	2	3	4	5	1	2	3	4	5	1	2	3	4	5	1	2	3	4	5
Auffassungsvermögen Theorie	1	2	3	4	5	1	2	3	4	5	1	2	3	4	5	1	2	3	4	5
Merkfähigkeit	1	2	3	4	5	1	2	3	4	5	1	2	3	4	5	1	2	3	4	5
Denkfähigkeit	1	2	3	4	5	1	2	3	4	5	1	2	3	4	5	1	2	3	4	5
VERHALTEN																				
Pünktlichkeit	1	2	3	4	5	1	2	3	4	5	1	2	3	4	5	1	2	3	4	5
Zuverlässigkeit	1	2	3	4	5	1	2	3	4	5	1	2	3	4	5	1	2	3	4	5
Antrieb	1	2	3	4	5	1	2	3	4	5	1	2	3	4	5	1	2	3	4	5
Fremdkritik	1	2	3	4	5	1	2	3	4	5	1	2	3	4	5	1	2	3	4	5
Umgang mit Menschen	1	2	3	4	5	1	2	3	4	5	1	2	3	4	5	1	2	3	4	5
Kontaktfähigkeit	1	2	3	4	5	1	2	3	4	5	1	2	3	4	5	1	2	3	4	5
Verhalten in der Gruppe																				
Selbsteinschätzung	1	2	3	4	5	1	2	3	4	5	1	2	3	4	5	1	2	3	4	5

Ansprechpartner	**Schule**	**BVJ**	**berufliche Vorbereitung**	**Ausbildung**
Name	....	....	....	....
	....	....	....	....
Telefon	....	....	....	....

Mit der Weiterleitung der Angaben an die nachfolgende Bildungseinrichtung und den zuständigen Berufsberater des Arbeitsamtes sind wir / bin ich einverstanden.

Ort, Datum: Unterschrift der Erziehungsberechtigten:

Kriterienkatalog BOA für die Bestimmung des Entwicklungsstandes

	Mathematik (Aneignungsgrad ► ► ►)		
Lerngegenstand	1	2	3
Grundrechenarten		Anwendungsaufgaben	
Addition	operational (mechanisches Rechnen)	Lösung nach vorgegebenem Algorithmus	selbständiges Lösen
Subtraktion	operational (mechanisches Rechnen)	Lösung nach vorgegebenem Algorithmus	selbständiges Lösen
Multiplikation	operational (mechanisches Rechnen)	Lösung nach vorgegebenem Algorithmus	selbständiges Lösen
Division	operational (mechanisches Rechnen)	Lösung nach vorgegebenem Algorithmus	selbständiges Lösen
Dekadisches Positionssystem	Zuordnen der Ziffern	in Beziehung setzen	Erklären
Dezimalzahlen	Zuordnen der Ziffern	in Beziehung setzen	Erklären
Längen			
Strecke	Bestimmen und Differenzieren	in Beziehung setzen	selbständiges Umrechnen
Einheiten	Bestimmen und Differenzieren	in Beziehung setzen	selbständiges Umrechnen
Flächen			
Eigenschaften	Bestimmen und Differenzieren	Beschreiben der Eigenschaften u. deren Symbole	Begriffe; Herleiten und Erklären von Formeln
Inhalt (A)	Bestimmen und Differenzieren	Beschreiben des Inhalts; Symbol	Begriff; Herleiten und Erklären von Formeln
Umfang (U)	Bestimmen und Differenzieren	Beschreiben des Umfangs; Symbol	Begriff; Herleiten und Erklären von Formeln
Arten (Varianten)			
- Rechteck	Bestimmen und Differenzieren	Berechnen v. Eigenschaften nach vorgegeb. Algorithmus	selbständiges Anwenden
- Quadrat	Bestimmen und Differenzieren	Berechnen v. Eigenschaften nach vorgegeb. Algorithmus	selbständiges Anwenden
- Dreieck	Bestimmen und Differenzieren	Berechnen v. Eigenschaften nach vorgegeb. Algorithmus	selbständiges Anwenden
- Parallelogramm	Bestimmen und Differenzieren	Berechnen v. Eigenschaften nach vorgegeb. Algorithmus	selbständiges Anwenden
- Trapez	Bestimmen und Differenzieren	Berechnen v. Eigenschaften nach vorgegeb. Algorithmus	selbständiges Anwenden
- Kreis	Bestimmen und Differenzieren	Berechnen v. Eigenschaften nach vorgegeb. Algorithmus	selbständiges Anwenden
- Ellipse	Bestimmen und Differenzieren	Berechnen v. Eigenschaften nach vorgegeb. Algorithmus	selbständiges Anwenden

	Kulturtechniken Lesen, Schreiben, Sprechen („Norm“ ► ► ►)		
Lerngegenstand	1	2	3
Lesen			
Lesetechnik	silbenweise	wort-/wortgruppenweise	fließend
Sinnerfassung	kaum	eingeschränkt	anforderungsgerecht
Fachtexte verstehen	durch gemeinsame Analyse	mit Orientierungshilfen	selbständig
Schreiben			
Rechtschreibung	sinnentstellt	schreibt wie er spricht	nahezu fehlerfrei
Schreibgeschwindigkeit	sehr langsam	stockend	fließend
Lautsprache			
Dialog	sprachliche Reaktion auf	situationsabhängig entfaltet	frei und entfaltet
zusammenhängendes sprachliches Äußern	direkte Anrede; Sprache wenig entfaltet	Ausdrucksformen nach vorgegebenen Algorithmen (strukturierte Hilfen)	selbständige Anwendung von Algorithmen
Sprachstörung			

ALV – Diagnostik (tbz)

	Außenperspektive (Pädagogenteam) **ARBEITEN**	*Innenperspektive (Selbsteinschätzung d. Jugendlichen); Nutzung der „Visualisierungshilfen für den Dialog" (1) u. (2) wird empfohlen*
	Einstellung zur Arbeit – Verhalten des Jugendlichen bei gestellten Arbeitsaufgaben	***Einstellung zur Arbeit – Wie verhalte ich mich bei gestellten Arbeitsaufgaben?***
1	positiv eingestellt, einsatzfreudig, leistungswillig, zielstrebig	*Ich erledige die gestellten Arbeitsaufgaben sofort, schnell und sorgfältig.*
2	einsatzbereit, erledigt die Aufgabe	*Ich erledige die gestellte Arbeitsaufgabe, auch wenn sie für mich nicht interessant ist.*
3	befriedigendes Arbeitsinteresse, braucht gelegentlich Anregungen	*Ich erledige die gestellte Aufgabe nicht gleich, ich brauche manchmal Aufforderung.*
4	kaum Interesse, setzt sich wenig ein, muß häufig aktiviert werden	*Ich erledige die gestellte Arbeitsaufgabe nur, wenn ich Lust habe oder wenn man mich auffordert.*
5	desinteressiert, gleichgültig	*Die gestellte Arbeitsaufgabe ist mir egal, ich mache nicht mit.*
	Handgeschick – Benutzung der Hand beim Führen von Werkzeugen und Arbeitsgeräten	***Handgeschick – Kann ich mit den Werkzeugen/Arbeitsgeräten sicher umgehen?***
1	geschickt, sicher, flüssiger Bewegungsablauf	*Ich bin geschickt und sicher bei der Benutzung.*
2	kann Bewegungen aufeinander abstimmen	*Ich kann die Werkzeuge/Arbeitsgeräte benutzen*
3	wenig geschickt, genügt den Anforderungen	*Ich kann die Werkzeuge/Arbeitsgeräte mit Hilfe benutzen.*
4	Schwierigkeiten, kommt den Anforderungen kaum nach	*Ich habe Probleme bei der Benutzung der Werkzeuge/Arbeitsgeräte.*
5	ungeschickt, genügt den Anforderungen nicht	*Ich kann Werkzeuge/Arbeitsgeräte nicht benutzen.*
	Ordnungsbereitschaft – Bereitschaft und Fähigkeit, den Arbeitsplatz in Ordnung zu halten	***Ordnungsbereitschaft – Kann ich meinen Arbeitsplatz in Ordnung halten?***
1	vorbildliche Ordnung am Arbeitsplatz	*Mein Arbeitsplatz ist immer ordentlich.*
2	Ordnungsbereitschaft und Fähigkeit, Ordnung zu halten	*Mein Arbeitsplatz ist meist ordentlich.*
3	Ordnungsbereitschaft, aber nicht die Fähigkeit, durchgehend Ordnung zu halten	*Ich bemühe mich, aber mein Arbeitsplatz ist nicht immer ordentlich.*
4	muß häufig zur Ordnung angehalten werden	*Ich brauche immer Hinweise, damit mein Arbeitsplatz ordentlich ist.*
5	keine Bereitschaft oder Fähigkeit, Ordnung zu halten	*Ordnung am Arbeitsplatz ist mir egal.*
	Sorgfalt – Sorgfalt bei der Durchführung der gestellten Arbeitsaufgabe und im Umgang mit Material, Werkzeugen, Arbeitsgeräten und Maschinen	***Sorgfalt – Kann ich sorgfältig mit den Materialien, Werkzeugen, Arbeitsgeräten und Maschinen umgehen?***
1	sorgfältig, achtsam und gewissenhaft	*Ich arbeite immer sorgfältig und gewissenhaft.*
2	sorgfältig und achtsam	*Ich arbeite sorgfältig.*
3	hinreichend sorgfältig, jedoch kleine Nachlässigkeiten	*Ich arbeite sorgfältig. Aber manchmal muß ich mich daran erinnern.*
4	nachlässig, muß häufig zur Sorgfalt angehalten werden	*Ich arbeite sorgfältig, wenn man mich ständig daran erinnert.*
5	ohne jegliche Sorgfalt	*Ich kann nicht sorgfältig arbeiten.*
	Arbeitsqualität – Fähigkeit des Jugendlichen, die gestellte Arbeitsaufgabe mit dem geforderten Ergebnis zu erledigen	***Arbeitsqualität – Entspricht meine Arbeit dem vorgegebenen Ergebnis?***
1	entspricht dem vorgegebenen Ergebnis	*Meine Arbeit entspricht dem vorgegebenen Ergebnis. Sie hat keine Fehler.*
2	entspricht dem vorgegebenen Ergebnis mit kleinen Mängeln	*Meine Arbeit hat kleine Fehler.*
3	Arbeit mit Nachbesserung verwendbar	*Meine Arbeit hat Fehler, die ich in kurzer Nacharbeit beseitigen kann.*
4	erhebliche Abweichungen vom geforderten Ergebnis	*Meine Arbeit hat viele Fehler. Die Nacharbeit dauert länger.*
5	nicht verwertbares Ergebnis	*Meine Arbeit ist nicht verwendbar.*

	Arbeitstempo – Fähigkeit des Jugendlichen, die gestellte Arbeitsaufgabe in der geforderten Zeit durchzuführen	***Arbeitstempo – Wie schnell arbeite ich?***
1	gleichmäßig und schnell	*Ich arbeite sehr schnell bis zum Ende.*
2	gleichmäßig	*Ich arbeite schnell, aber mit kleinen Pausen.*
3	wechselndes Arbeitstempo, insgesamt jedoch angemessener Zeitaufwand	*Ich arbeite manchmal schnell und manchmal langsam.*
4	langsam, bedächtig, insgesamt erhöhter Zeitaufwand	*Ich arbeite langsam und brauche viel Zeit.*
5	zu hoher Zeitaufwand nötig	*Ich arbeite sehr langsam und brauche viele Pausen.*
	Ausdauer – Fähigkeit des Jugendlichen, sich einer gestellten Arbeitsaufgabe gleichbleibend zuzuwenden	***Ausdauer – Wie lange kann ich an der gestellten Arbeitsaufgabe arbeiten?***
1	bleibt ausdauernd, führt die gestellte Arbeitsaufgabe über längeren Zeitraum und auch bei Schwierigkeiten zu Ende	*Ich arbeite auch bei Problemen bis zum Ende.*
2	arbeitet ausdauernd, sucht ab und zu Wechsel in der Aufgabenstellung	*Bei Problemen wünsche ich eine andere Arbeitsaufgabe, aber ich arbeite weiter.*
3	hinreichend ausdauernd, verlangt oder verschafft sich Aufgabenwechsel	*Ich habe Ausdauer bei Arbeitsaufgaben, die ich ohne Probleme lösen kann.*
4	geringe Ausdauer, braucht immer wieder Hilfe, um bei der gestellten Arbeitsaufgabe zu bleiben	*Ich schaffe die Arbeitsaufgabe nicht ohne Ermahnungen.*
5	keine Ausdauer, bleibt trotz Hilfe nicht bei der gestellten Arbeitsaufgabe	*Ich habe keine Ausdauer.*
	Teamarbeit – Fähigkeit des Jugendlichen gemeinsam mit anderen eine gestellte Arbeitsaufgabe zu erfüllen	***Teamarbeit – Wie führe ich gemeinsam mit anderen Jugendlichen eine erlernte Arbeitsaufgabe durch?***
1	arbeitet gern im Team, übernimmt Verantwortung	*Ich leite das Team an und arbeite aktiv mit.*
2	nimmt an der Erfüllung der Arbeitsaufgabe aktiv teil	*Ich arbeite aktiv mit.*
3	arbeitet im Team, ohne selbst aktiv zu werden	*Ich arbeite mit, wenn die anderen mir sagen, was ich machen soll.*
4	sondert sich ab, arbeitet ungern mit, auch wenn er durch das Team eingebunden wird	*Ich arbeite ungern mit.*
5	arbeitet nicht mit, wirkt störend	*Ich arbeite nicht im Team.*
	Alleinarbeit – Selbständigkeit und Entscheidungsfreudigkeit des Jugendlichen bei der Durchführung einer erlernten Arbeitsaufgabe	***Alleinarbeit – Wie führe ich eine schon erlernte Arbeitsaufgabe allein durch?***
1	arbeitet vollkommen selbständig und trifft Entscheidungen selbständig	*Ich arbeite immer allein und führe die Arbeitsaufgabe sicher zu Ende.*
2	arbeitet bei geübter Aufgabenstellung selbständig	*Ich kann eine geübte Arbeitsaufgabe allein durchführen.*
3	versucht, allein zurechtzukommen, bedarf jedoch gelegentlicher Hilfestellungen	*Ich versuche, eine geübte Arbeitsaufgabe allein durchzuführen, brauche aber manchmal Hilfe.*
4	arbeitet wenig selbständig, kann nur einfache Routinearbeiten durchführen, braucht häufig Unterstützung	*Ich kann schon oft geübte Arbeitsaufgaben nur mit Hilfe durchführen.*
5	arbeitet unselbständig, kommt ohne ständige Hilfe nicht zurecht	*Ich kann nur mit ständiger Hilfe arbeiten.*
	Flexibilität – Fähigkeit des Jugendlichen, sich auf andere erlernte Arbeiten umzustellen	***Flexibilität – Wie gelingt es mir wechselnde Arbeitsaufgaben durchzuführen?***
1	flexibel, kann sich rasch auf eine neue Arbeitssituation umstellen	*Es gelingt mir sofort, mich umzustellen.*
2	kann sich selbständig nach einiger Zeit umstellen	*Es gelingt mir nach kurzer Zeit, mich umzustellen.*
3	kann sich mit gelegentlichen Hilfen nach einiger Zeit umstellen	*Es gelingt mir, mich umzustellen, wenn die Arbeitsaufgabe noch einmal erklärt wird.*
4	hat Schwierigkeiten bei der Umstellung, braucht dazu ständig Hilfe	*Es gelingt mir nur schwer, mich umzustellen. Ich brauche immer Hilfe dazu.*
5	kann sich nicht umstellen und ist trotz Hilfestellungen unbeweglich	*Ich kann mich nicht umstellen.*

	Arbeitsplanung – Fähigkeit des Jugendlichen, gestellte Arbeitsaufgaben in Arbeitsschritten zu planen	***Arbeitsplanung – Wie plane ich meine Arbeitsaufgaben?***
1	plant im Detail umsichtig und sorgfältig vor, gliedert die Aufgabe vollständig	*Ich plane sorgfältig und gliedere die Arbeitsaufgabe gründlich.*
2	plant nahezu folgerichtig und gliedert die Aufgabe	*Ich plane fast immer richtig.*
3	gliedert nach Hauptschritten, jedoch nicht in Einzelheiten	*Ich plane, aber brauche manchmal Hilfen.*
4	plant umständlich oder oberflächlich, vergißt wesentliche Teilschritte	*Ich kann nur mit ständiger Hilfe richtig planen.*
5	arbeitet planlos und unüberlegt	*Ich weiß nicht, wie man plant.*

	Kritikfähigkeit – Fähigkeit des Jugendlichen, eigene Leistungen durch Vergleiche mit anderen Arbeitsergebnissen zu beurteilen	***Kritikfähigkeit - Kann ich meine Arbeit im Vergleich mit anderen Arbeiten beurteilen?***
1	treffsicher im Urteil, kritisch und sachlich	*Ich erkenne meine Fehler und akzeptiere sie .*
2	überwiegend treffsicheres Urteil	*Ich erkenne nicht alle meine Fehler.*
3	kommt mit Hilfestellung zu richtiger Beurteilung	*Ich erkenne mit Hilfe meine Fehler.*
4	bleibt trotz Hilfestellung unsicher im Urteil	*Ich bin mir auch mit Hilfe nicht sicher, ob es Fehler sind.*
5	sieht Fehler nicht	*Ich erkenne meine Fehler auch mit Hilfe nicht.*

LERNEN

	Konzentrationsfähigkeit – Fähigkeit des Jugendlichen sich gestellten Aufgaben zuzuwenden	***Konzentrationsfähigkeit – Wie konzentriere ich mich bei der Lösung von Aufgaben?***
1	sehr gute Konzentration, wach und aufmerksam bei allen Arbeitsabläufen	*Ich kann mich immer bei der Lösung von Aufgaben konzentrieren.*
2	der Aufgabe angemessene Konzentration, wenig ablenkbar	*Ich kann mich meist bei der Lösung von Aufgaben konzentrieren.*
3	kurzfristige Konzentration, bzw. schwankendes Konzentrationsvermögen	*Ich kann mich über kurze Zeit konzentrieren. Ich bin nicht immer bei der Sache.*
4	schwaches Konzentrationsvermögen, braucht ständig Hilfen und Unterstützung	*Ich kann mich konzentrieren, wenn mir jemand dabei hilft.*
5	völlig unkonzentriert trotz ständiger Hilfe und Unterstützung	*Ich kann mich nicht konzentrieren.*

	Auffassungsvermögen für praktische Unterweisungen – Fähigkeit des Jugendlichen, praktische Arbeitsanweisungen aufzufassen	***Auffassungsvermögen Praxis – Wie verstehe ich praktische Arbeitsanweisungen?***
1	erfaßt ausgesprochen rasch und sicher, begreift sofort den Sinn der Arbeitsanweisung	*Ich verstehe schnell und begreife den Sinn der Arbeitsanweisung.*
2	erfaßt ausreichend schnell worauf es ankommt und versteht den Sinn der Arbeitsanweisung	*Ich verstehe und begreife den Sinn der Arbeitsanweisung.*
3	erfaßt nicht sofort, hat Mühe, erkennt nach und nach den Sinn der Arbeitsanweisung	*Ich muß überlegen, um den Sinn der Arbeitsanweisung zu verstehen.*
4	erfaßt sehr langsam, begreift den Sinn der Arbeitsanweisung erst nach mehrmaligen Erklärungen	*Ich muß sehr lange überlegen, um den Sinn der Arbeitsanweisung zu verstehen.*
5	erfaßt trotz Zusatzerklärungen den Sinn der Arbeitsanweisung nicht	*Ich verstehe die erklärten Arbeitsanweisungen nicht.*

	Auffassungsvermögen für theoretische Unterweisungen – Fähigkeit des Jugendlichen, theoretische Unterweisungen aufzufassen	***Auffassungsvermögen Theorie – Wie verstehe ich theoretische Inhalte?***
1	erfaßt ausgesprochen rasch und sicher, begreift sofort den Sinn der Arbeitsanweisung	*Ich verstehe schnell und begreife den Sinn.*
2	erfaßt ausreichend schnell, worauf es ankommt und versteht den Sinn der Arbeitsanweisung	*Ich verstehe und begreife den Sinn.*
3	erfaßt nicht sofort, hat Mühe, erkennt nach und nach den Sinn der Arbeitsanweisung	*Ich muß überlegen, um den Sinn zu verstehen.*
4	erfaßt sehr langsam, begreift den Sinn der Arbeitsanweisung erst nach mehrmaligen Erklärungen	*Ich muß sehr lange überlegen, um den Sinn zu verstehen.*
5	erfaßt trotz Zusatzerklärungen den Sinn der Arbeitsanweisung nicht	*Ich verstehe die erklärten Inhalte nicht.*

	Merkfähigkeit – Fähigkeit des Jugendlichen, Zusammenhänge über die Ausbildungszeit hinaus zu behalten	***Merkfähigkeit – Wie merke ich mir Ausbildungsinhalte?***
1	behält nahezu lückenlos und genau	*Ich behalte alles.*
2	behält das Wesentliche mit kleinen Auslassungen	*Ich behalte fast alles.*
3	behält so viel, daß ein sinnvoller Zusammenhang noch möglich ist	*Ich behalte das Wichtigste.*
4	behält zu wenig, um einen sinnvollen Zusammenhang zu ermöglichen	*Ich weiß noch worum es ging.*
5	behält nichts oder nur zusammenhanglose Einzelheiten	*Ich weiß nicht worum es ging.*

	Denkfähigkeit – Fähigkeit des Jugendlichen, gestellte Aufgaben und Probleme zu lösen, kennzeichnet die Beweglichkeit des Denkens	***Denkfähigkeit – Wie komme ich bei der Lösung von Aufgaben klar?***
1	findet eigenständige Lösungen durch kreatives Denken	*Ich finde die Lösungen selbst und habe gute Ideen.*
2	kann erlernte Lösungswege bei neuen Aufgabenstellungen anwenden	*Was ich gelernt habe, kann ich bei neuen Aufgaben anwenden.*
3	kann nach erlernten Lösungswegen vertraute Probleme lösen, braucht jedoch gelegentlich Denkanstöße	*Was ich gelernt habe, kann ich beim Wiederholen von bekannten Aufgaben anwenden.*
4	kann Probleme nur schwer und teilweise lösen, braucht ständig Denkanstöße	*Ich kann bekannte Aufgaben nicht selbständig lösen, muß fragen oder brauche Hinweise.*
5	findet keine Lösung, probiert ohne Planung	*Ich probiere immer wieder und finde keine Lösung.*

VERHALTEN

	Pünktlichkeit – Fähigkeit des Jugendlichen, Arbeitszeit und Termine einzuhalten	***Pünktlichkeit – Kann ich Zeiten und Termine einhalten?***
1	immer pünktlich	*Ich bin immer pünktlich.*
2	häufig pünktlich	*Ich verspäte mich selten.*
3	unregelmäßig im Einhalten von Zeiten	*Ich verspäte mich manchmal.*
4	selten pünktlich	*Ich verspäte mich oft.*
5	keine Beziehung zur Pünktlichkeit	*Ich kann mich nicht an Zeiten halten.*
	Zuverlässigkeit – Bereitschaft des Jugendlichen, Regeln des Arbeitsprozesses einzuhalten	***Zuverlässigkeit – Kann ich Regeln einhalten?***
1	gewissenhaft bei der Erfüllung der gestellten Arbeitsaufgaben und in der Einhaltung der Regeln	*Ich bin sehr gewissenhaft bei der Einhaltung der Regeln.*
2	beachtet die Regeln und erfüllt die Regeln	*Ich halte mich an die Regeln.*
3	beachtet im allgemeinen die Regeln, erfüllt die Arbeitsaufgaben, gelegentliche Hinweise sind notwendig	*Ich halte mich an die Regeln, wenn man mich manchmal daran erinnert.*
4	Ermahnungen zum Einhalten der Regeln und bei der Erfüllung der gestellten Arbeitsaufgabe sind notwendig, bedarf der Aufsicht	*Damit ich Regeln einhalten kann, muß man mich ständig erinnern.*
5	keine Beachtung der Regeln, gefährdet sich und andere, erfüllt die gestellten Arbeitsaufgaben nicht	*Regeln sind mir egal.*

	Antrieb – Verhalten des Jugendlichen bei der Bewältigung gestellter Arbeitsaufgaben	***Antrieb – Wie verhalte ich mich, wenn ich eine Arbeitsaufgabe lösen soll?***
1	sehr aktiv, entwickelt in hohem Maß Eigeninitiative	*Ich bin sehr aktiv. Ich gehe selbständig an die Arbeit heran.*
2	aktiv, nur gelegentliche Anregungen notwendig	*Ich bin aktiv.*
3	muß zeitweise angeregt werden	*Ich muß manchmal aufgefordert werden.*
4	passiv, braucht ständig Fremdanstöße	*Ich muß ständig aufgefordert werden.*
5	antriebslose oder leere Betriebsamkeit	*Ich habe keine Lust zu arbeiten.*

	Verhalten bei Fremdkritik – Reaktionen des Jugendlichen auf Kritik an seinem Arbeitsergebnis	***Fremdkritik – Wie verhalte ich mich, wenn andere meine Arbeit kritisieren?***
1	aufgeschlossen, in der Lage, Kritik anzunehmen und zu verwerten	*Ich finde Kritik wichtig, dadurch kann ich meine Arbeit verbessern.*
2	bemüht sich, Kritik für seine Arbeit zu verwerten	*Ich bemühe mich, Kritik für meine Arbeit zu nutzen.*
3	nicht in der Lage, Kritik anzunehmen, Kritik wird gelegentlich verwertet	*Es gelingt mir manchmal, Kritik für meine Arbeit zu nutzen.*
4	nicht bereit, Kritik zu verwerten, wenig zugänglich	*Ich bin nicht bereit oder nicht in der Lage, Kritik für meine Arbeit zu nutzen.*
5	erträgt Kritik nicht, sperrt sich, wehrt sich, wird aggressiv bzw. reagiert unangemessen	*Ich möchte nicht auf meine Fehler hingewiesen werden.*
	Umgang mit Menschen – Verhalten des Jugendlichen im Umgang mit anderen	***Umgang mit Menschen – Wie verhalte ich mich gegenüber anderen?***
1	immer, höflich, ehrlich, offen	*Ich bin immer freundlich und verhalte mich korrekt.*
2	beherrscht Umgangsformen und wendet sie an	*Ich beherrsche die Umgangsformen und wende sie an.*
3	wendet nicht die notwendigen Umgangsformen an	*Ich bin freundlich, wenn ich Nutzen daraus ziehen kann.*
4	respektlos, nicht immer beherrscht in seinen Umgangsformen	*Ich ärgere andere und streite manchmal.*
5	provokant, herausfordernd, beschimpft andere	*Ich ärgere andere und streite sehr viel.*
	Kontaktfähigkeit – Fähigkeit des Jugendlichen, soziale Beziehungen am Arbeitsort aufzunehmen und zu erhalten	***Kontaktfähigkeit – Wie wichtig ist mir der Kontakt zu anderen am Arbeitsort?***
1	geht von sich aus auf andere zu	*Ich habe keine Probleme die anderen anzusprechen und mit ihnen zu arbeiten.*
2	hat Kontakt zu anderen	*Ich komme mit jedem klar.*
3	zurückhaltend, nimmt nur angebotene Kontakte auf	*Ich warte, bis man mich anspricht.*
4	kontaktschwach und gehemmt	*Ich bin sehr zurückhaltend, auch wenn man mich anspricht.*
5	isoliert sich	*Ich möchte mit keinem etwas zu tun haben.*
	Verhalten in der Gruppe – Verhalten des Jugendlichen in der Arbeitsgruppe	***Verhalten in der Gruppe – Wie verhalte ich mich in meiner Gruppe?***
1	ist sehr aktiv und übernimmt selbständig Aufgaben	*Ich bin gern in der Gruppe und übernehme Aufgaben.*
2	ist aktiv in der Arbeitsgruppe	*Ich bin gern in der Gruppe und fühle mich wohl.*
3	ist bei Gruppenaktivitäten dabei, ohne sich selbst aktiv einzubringen, hat Freude dabei	*Ich mache in der Gruppe mit.*
4	macht Gruppenaktivitäten gleichgültig und ohne Freude mit	*Mir ist egal, was die Gruppe macht. Ich schließe mich an.*
5	nimmt an Gruppenaktivitäten nicht teil	*Die Gruppe interessiert mich nicht.*
	Selbsteinschätzung – Fähigkeit des Jugendlichen, Möglichkeiten und Grenzen, die ihm durch seine Beeinträchtigung/Behinderung gesetzt sind, realistisch einzuschätzen	***Selbsteinschätzung – Schätze ich mich richtig ein?***
1	überwiegend realitätsbezogen	*Ich schätze mich immer richtig ein.*
2	noch realitätsbezogen	*Ich schätze mich oft richtig ein.*
3	hat Mühe mit realistischer Selbsteinschätzung	*Es fällt mir schwer, mich richtig einzuschätzen.*
4	zumeist unrealistisch	*Ich schätze mich oft nicht richtig ein.*
5	vollkommen unrealistisch	*Ich schätze mich immer ganz anders ein.*

Visualisierungshilfe für den Dialog (1)

KULTURTECHNIKEN

Sprachstörung (Art/Grad):

Visualisierungshilfe für den Dialog (2)

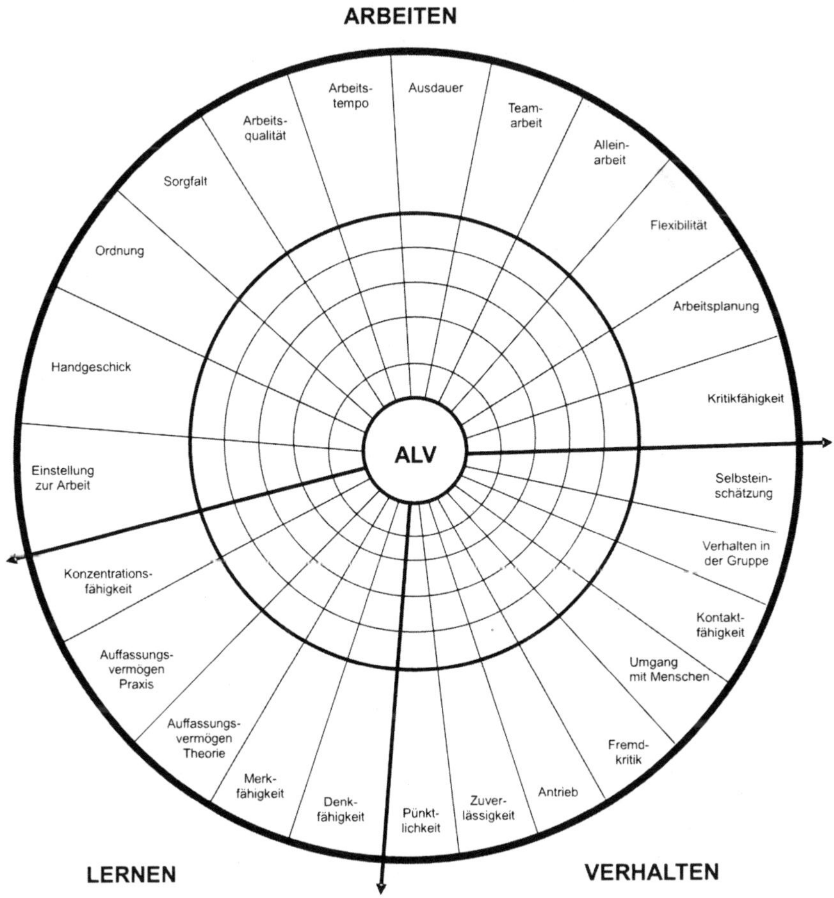

Schule/Stempel

Förderplan Sekundarstufe

für

Name: ______________ **Vorname:** ______________ **Klasse:** ______________

Förderschwerpunkt/e: ______________________________

____

Bemerkungen:

Besprechung des Förderplans mit den Erziehungsberechtigten:

Datum	Unterschrift der Erziehungsberechtigten	Unterschrift der Lehrerin, des Lehrers	

Begonnen: ______________ Beendet: ______________

Förderplan zum Begleitbogen BOA - Sekundarstufe - Mathematik, Deutsch

Lerngegenstand	Fremdeinschätzung	Förderbedarf verbale Einschätzung Kl.	Sonderpädagogische Fördermaßnahmen, Ziele
Grundrechenarten			
Addition	1 2 3		
Subtraktion	1 2 3		
Multiplikation	1 2 3		
Division	1 2 3		
Dekadisches Positionssystem	1 2 3		
Dezimalzahlen	1 2 3		
Längen			
Strecke	1 2 3		
Einheiten	1 2 3		
Flächen			
Eigenschaften	1 2 3		
Inhalt (A)	1 2 3		
Umfang (U)	1 2 3		
Arten (Varianten)	1 2 3		
- Rechteck	1 2 3		
- Quadrat	1 2 3		
- Dreieck	1 2 3		
- Parallelogramm	1 2 3		
- Trapez	1 2 3		
- Kreis	1 2 3		
- Ellipse	1 2 3		
Lesen			
Lesetechnik	1 2 3		
selbst. Sinnerfasssung	1 2 3		
Fachtexte verstehen	1 2 3		
Schreiben			
Rechtschreibung	1 2 3		
Schreibgeschwindigk.	1 2 3		
Lautsprache			
Dialog	1 2 3		
Zusammenhängend	1 2 3		
Sprachstörung	Ja / nein		

Förderplan der AG BOA in der Erprobungsphase

Förderplan zum Begleitbogen BOA - Sekundarstufe - Mathematik, Deutsch

Weiter bestehender Förderbedarf verbale Einschätzung Kl.	Fremdeinschätzung	**Sonderpädagogische Fördermaßnahmen, Ziele Kl.**
	1 2 3	
	1 2 3	
	1 2 3	
	1 2 3	
	1 2 3	
	1 2 3	
	1 2 3	
	1 2 3	
	1 2 3	
	1 2 3	
	1 2 3	
	1 2 3	
	1 2 3	
	1 2 3	
	1 2 3	
	1 2 3	
	1 2 3	
	1 2 3	
	1 2 3	
	1 2 3	
	1 2 3	
	1 2 3	
	1 2 3	
	1 2 3	
	1 2 3	
	1 2 3	
	Ja / nein	

Förderplan der AG BOA in der Erprobungsphase

Förderplan zum Begleitbogen BOA - Sekundarstufe ALV

A L V	Fremdeinschätzung	Förderbedarf Verbale Einschätzung Kl.	Sonderpädagogische Fördermaßnahmen, Ziele
Arbeiten			
Einstellung zur Arbeit	1 2 3 4 5		
Handgeschicklichkeit	1 2 3 4 5		
Ordnungsbereitschaft	1 2 3 4 5		
Sorgfalt	1 2 3 4 5		
Arbeitsqualität	1 2 3 4 5		
Arbeitstempo	1 2 3 4 5		
Ausdauer	1 2 3 4 5		
Teamarbeit	1 2 3 4 5		
Alleinarbeit	1 2 3 4 5		
Flexibilität	1 2 3 4 5		
Arbeitsplanung	1 2 3 4 5		
Kritikfähigkeit	1 2 3 4 5		
Lernen			
Konzentrationsfähigkeit	1 2 3 4 5		
Auffassungsvermögen Praxis	1 2 3 4 5		
Auffassungsvermögen Theorie	1 2 3 4 5		
Merkfähigkeit	1 2 3 4 5		
Denkfähigkeit	1 2 3 4 5		
Verhalten			
Pünktlichkeit	1 2 3 4 5		
Zuverlässigkeit	1 2 3 4 5		
Antrieb	1 2 3 4 5		
Fremdkritik	1 2 3 4 5		
Umgang mit Menschen	1 2 3 4 5		
Kontaktfähigkeit	1 2 3 4 5		
Verhalten in d. Gruppe	1 2 3 4 5		
Selbsteinschätzung	1 2 3 4 5		

Förderplan der AG BOA in der Erprobungsphase

Förderplan zum Begleitbogen BOA - Sekundarstufe ALV

Weiter bestehender Förderbedarf verbale Einschätzung Kl.	Fremdeinschätzung	**Sonderpädagogische Fördermaßnahmen, Ziele**
	1 2 3 4 5	
	1 2 3 4 5	
	1 2 3 4 5	
	1 2 3 4 5	
	1 2 3 4 5	
	1 2 3 4 5	
	1 2 3 4 5	
	1 2 3 4 5	
	1 2 3 4 5	
	1 2 3 4 5	
	1 2 3 4 5	
	1 2 3 4 5	
	1 2 3 4 5	
	1 2 3 4 5	
	1 2 3 4 5	
	1 2 3 4 5	
	1 2 3 4 5	
	1 2 3 4 5	
	1 2 3 4 5	
	1 2 3 4 5	
	1 2 3 4 5	
	1 2 3 4 5	
	1 2 3 4 5	
	1 2 3 4 5	
	1 2 3 4 5	

Förderplan der AG BOA in der Erprobungsphase

Schule/Stempel

Förderplan Primarstufe

für

Name: ____________ **Vorname:** ____________ **Klasse:** ____________

Förderschwerpunkt/e: ______________________________

____

Bemerkungen:

Besprechung des Förderplans mit den Erziehungsberechtigten:

Datum	Unterschrift der Erziehungsberechtigten	Unterschrift der Lehrerin, des Lehrers	

Begonnen: ____________ Beendet: ____________

Förderplan Primarstufe

	Förderbedarf, Verbale Einschätzung	Kl.	Sonderpädagogische Förderung, Fördermaßnahmen, Ziele
Lesen			
Leseinteresse			
Lesetempo			
Lesequalität, -technik			
Schreiben			
Interesse am Schreiben			
Schreibtempo			
Schreibqualität, Duktustreue			
Bereich Mathematik			
Mengenerfassung			
Zählen / Zuordnung von Mengen			
Sortieren, ordnen, vergleichen			
Grundrechenarten Schriftliche Verfahren			
Produktives Denken			
(Klassifizieren, ordnen, zu-			
ordnen, kausales Denken			
finales Denken, Analogien)			
Sprachlicher Bereich			
Sprechsicherheit			
Gesprächsbereitschaft			
Zuhören			
Aufgabenverständnis			
Artikulation			
Lautbild			
Wortschatz			
Grammatik			
Satzbildung			
Grobmotorik			
Allgemeine Geschicklichkeit			
Elastizität			
Koordination			
Reaktionsfähigkeit			
Gleichgewichtsfähigkeit			
Feinmotorik			
Allgemeine Geschicklichkeit			
Visomotorische Koordination			
Seitigkeit			
Rechts, links, gemischt für Auge, Hand, Fuß			
Wahrnehmnung			
Visuelle W. (Formen, Farben, Raumlage, Differenz., Visuelle Gliederung., visuelles Gedächtnis)			
Auditive W. (auditives Gedächtnis, Differenzierung, Gliederung, Lautdisposition)			
Taktil-kinästhetische W. (Differenzierungvermögen, Körperempfinden)			
Konzentration			
Sozial-emotion. Bereich			
Selbstsicherheit			
Selbständigkeit			
Kooperationsverhalten			
Konfliktverhalten			
Selbstkontrolle			
Regelbewußtsein			
Arbeitshaltung			

Förderplan in der Erprobungsphase

Förderplan Primarstufe

Weiter bestehender Förderbedarf	Kl.	Sonderpädagogische Förderung Fördermaßnahmen, Ziele

Förderplan in der Erprobungsphase

Karl Dieter Schuck

Lernprozessdiagnostik und individuelle Förderplanung[1]

Immer wieder in meiner dreißigjährigen Tätigkeit in der Behindertenpädagogik gab es Zeiten des konzeptionellen Umbruchs. Dabei tauchte regelhaft die Frage auf, wie durch eine bessere Diagnostik mutmaßlich erkannte Probleme des Schul- und Bildungssystems für behinderte und benachteiligte Menschen behoben werden könnten. Das war in der Folge der KMK-Empfehlungen von 1972 so, welche uns eine jahrzehntelang geführte Auseinandersetzung mit eigenschaftsorientierten Konzepten der Diagnostik brachten. Dabei entstand ein Bewusstsein dafür, dass es die diagnostischen Methoden nicht sind, die das pädagogische System verbessern. Es sind die verwirklichten pädagogischen Konzepte, aus denen heraus erst eine gute Diagnostik ihre Wirkungen entfalten kann. Erinnert sei unter dem Eindruck der PISA-Ergebnisse an einen wegweisenden Artikel von Holger Probst (1973). Dort wurde gezeigt, wie Diagnostik in einem Schulsystem, welches soziale Unterschiede verschärft, zur Strategie der Beschaffung von Alibis für scheinbar im Individuum liegende, tatsächlich aber gesellschaftlich bedingte Selektionsnotwendigkeiten werden kann. Die damals provokativen Feststellungen gewinnen im Angesichte der nationalen und internationalen Vergleichsstudien neue Brisanz dadurch, dass unserem Bildungssystem fast dreißig Jahre nach den Probstschen Ergebnissen noch immer soziale Selektivität bescheinigt wird. Und schon hört man allerorten den Ruf nach einer besseren Diagnostik und besser diagnostisch qualifizierten Lehrerinnen und Lehrern, die diesem Missstand beizukommen vermögen. Doch das Heil in einer besseren Diagnostik für alle schulische Probleme zu suchen, war zu allen Zeiten falsch, wenngleich ein gutes Bildungssystem selbstverständlich in den Kernbereichen ihrer Tätigkeit gut qualifizierte Lehrerinnen und Lehrer braucht. Zu diesen Kernbereichen zählt die pädagogische Diagnostik. Wir haben uns nach den KMK-Empfehlungen von 1994 und nach den großen internationalen Vergleichsstudien zu fragen, welche Gesichtspunkte einer qualifizierten Diagnostik uns besonders wichtig sind. Dazu will ich Ihnen meine Einschätzungen präsentieren. Ich gehe dabei von den bei Ihnen geltenden Rahmenvorgaben und Richtlinien für die sonderpädagogische Förderung in Schulen des Landes Nordrhein-Westfalen aus und greife dabei meine letzten Veröffentlichungen zum diesbezüglichen Themenspektrum erweiternd auf (Schuck 2000, Schuck 2001a, Schuck 2001b, Schuck 2003, Koch, Schuck und Schwohl 2001).

1 Rahmenvorgaben und Richtlinien für die sonderpädagogische Förderung in Schulen des Landes Nordrhein-Westfalen

Unter den "Zielen und Aufgaben sonderpädagogischer Förderung" lese ich inhaltsschwere Sätze. Sonderpädagogische Förderung hat danach folgende Aufgaben:

- Sie verwirklicht das Recht behinderter und von Behinderung bedrohter Menschen auf schulische Bildung und Erziehung.
- Sie ist darauf gerichtet, ein hohes Maß
  - schulischer und beruflicher Eingliederung,
  - gesellschaftlicher Teilhabe
  - selbstbestimmter Lebensgestaltung
  - und Kompetenzen für die Wahrnehmung von Rechten und Pflichten in der Gesellschaft zu entwickeln und
  - Minderung oder Kompensation der Behinderung und ihrer Auswirkungen zu erreichen.
- Behinderung soll über individuelle Merkmale hinaus immer in Bezug auf die jeweiligen Lebenswelten verstanden werden.
- Die spezifischen individuellen Bedingungen im Sinne von Schädigungen und die biografischen Bedingungen bestimmen nach diesen Rahmenvorgaben die Möglichkeiten eines Menschen zur selbstbestimmten Teilhabe und zur Entfaltung seiner individuellen Handlungsmöglichkeiten.
- Es wird eine Wechselwirkung zwischen Schädigungen, einer daraus entstehenden Behinderung und der Entfaltung von Handlungsmöglichkeiten und dem damit eventuell eingeschränkten Zugang zur aktiven gesellschaftlichen Teilhabe gesehen.
- Betont wird, dass nach einem solchen Verständnis nicht die Schädigung, sondern die Schülerinnen und Schüler und deren individuelle Lebens- und Lernumwelten im Mittelpunkt sonderpädagogischer Förderung stehen.

Erziehung und Unterricht von Schülerinnen und Schülern mit sonderpädagogischem Förderbedarf wird als Aufgabe aller Schulen betrachtet. Sonderpädagogische Förderung ist nach diesen Rahmenvorgaben eine Spezifizierung und Erweiterung von Erziehung und Unterricht unter den Bedingungen der individuellen Behinderung.

Sonderpädagogische Kompetenz wird wirksam

- bei dem Erkennen und der Analyse des Bedingungsgefüges einer Behinderung,
- bei der Feststellung des sonderpädagogischen Förderbedarfs,
- bei einer lernprozessbegleitenden Diagnostik,
- in der Gestaltung von Lernsituationen im Rahmen der Vorgaben der Lehrpläne,
- bei der Eröffnung vielfältiger sozialer Beziehungen,
- bei der Unterstützung der Lernprozesse durch Hilfsmittel und Medien,
- bei der Schaffung baulicher Voraussetzungen.

Als Grundlage sonderpädagogischer Förderung wird angesehen:

- Ein Verfahren zur Feststellung des sonderpädagogischen Förderbedarfs und der Entwicklung von Kriterien einer angemessenen Förderung.
- Dazu sind elementare Entwicklungsbereiche, Fähigkeiten und Fertigkeiten, das Verhalten und entwicklungsfördernde und entwicklungshemmende Bedingungen der Lebensumwelt zu beschreiben.

Diagnostische Ergebnisse münden in ein pädagogisches Konzept, welches mit einem individuellen Förderplan umgesetzt wird.

Der Anfangsdiagnostik folgt eine lernprozessbegleitende Diagnostik.

Der individuelle Förderplan wird für ein unverzichtbares Instrument der Sicherung der Qualität der sonderpädagogischen Förderung gehalten und ist zukünftig verpflichtend zu erstellen. Er dient als Abstimmungsinstrument in der Lehrerkonferenz und soll eine effektive Auseinandersetzung mit den Förderbedürfnissen und Förderzielen der einzelnen Schülerinnen und Schüler ermöglichen.

Der individuelle Förderplan ist im kollegialen Diskurs auf der Ebene der Klassen- bzw. Stufenkonferenz zu entwickeln. Alle an der Diagnose und Förderung Beteiligten, auch die Schülerinnen und Schüler und ihre Eltern, sind an der Evaluation und kontinuierlichen Fortschreibung des Förderplans zu beteiligen.

So weit Ihre Rahmenvorgaben, die ich nahezu Wort für Wort unterstreichen kann. Es werden wesentliche Aspekte der aktuellen Fachdiskussion aufgenommen und verwaltungstechnisch in ein durchführbares Konzept gebracht. Nur die Verwendung neuer Begriffe schafft noch keine veränderte Praxis. Sie entsteht erst dann, wenn der theoretische Hintergrund und der Bedeutungshof der Begriffe bekannt und im Diskurs geklärt wird. Dazu will ich einen Beitrag leisten und einige Schlüsselbegriffe, theoretische Ankerpunkte und Konsequenzen für Diagnose und Förderung aus meiner Sicht in der Überzeugung erläutern, dass erst die Klarheit der Begriffe eine qualitätsvolle Diagnostik erlaubt.

2 Förderung und Förderbedarf

Der Begriff der Förderung wurde in der Folge der KMK-Empfehlungen von 1994 zu einem neuen Leitbegriff. Ich hatte 2001a wie folgt definiert: "Der *Begriff der pädagogischen Förderung* bezeichnet pädagogische Handlungen bzw. Qualitäten, die gemäß eines impliziten oder expliziten Förderkonzepts auf die Anregung und Begleitung einer an Bildungszielen orientierten, für wertvoll gehaltenen Veränderung individueller Handlungsmöglichkeiten von Menschen in ihren Lebens-gemeinschaften und an den sozialen Folgen von Benachteiligungen und Behinderungen ausgerichtet sind. *Pädagogischer Förderbedarf* ist dabei das, was ein Individuum in seinen Lern- und Lebensgemeinschaften an Unterstützung benötigt, um die intendierten Ziele zu erreichen. *Sonderpädagogische Förderung* und *Sonderpädagogischer Förderbedarf* sind nichts anderes. Denn alle heranwachsenden Menschen, auch behinderte und benachteiligte, bedürfen einer pädagogischen, institutionell übergreifenden Förderung bzw. Anregung und Begleitung ihrer Entwicklung (Bleidick 1999), gegebenenfalls unter erschwerten Bedingungen und unter einer notwendig werdenden Nutzung problemspezifisch unterschiedlicher Qualifikationen auf der Seite der Pädagoginnen und Pädagogen und unterschiedlicher institutioneller bzw. organisatorischer Arrangements. Jede Form der Förderung hat sich damit ihrer Ziele, ihrer Wege und ihrer institutionellen Verankerung zu vergewissern. Bildungstheorien, Erziehungstheorien und Theorien der Institutionen geben hierzu die erziehungswissenschaftlichen, Entwicklungs-

und Lerntheorien die psychologischen Bezugspunkte ab, die in ihrer Interpretation unter ein pädagogisches Konzept zu stellen sind" (Schuck 2001a, S. 63 f.). Diese Definition beinhaltet die Begriffe, über die eine Verständigung geboten erscheint.

2.1 Förderung

Im Bilde dieser Definition sind die pädagogische und sonderpädagogische Förderung nur graduell unterschiedliche Handlungen und Qualitäten, die eines gemeinsam haben, nämlich vor dem Hintergrund eines pädagogischen Konzeptes die Veränderung individueller Handlungsmöglichkeiten anregen und begleiten zu wollen. Hervorgehoben wird die Bedeutung eines pädagogischen Konzeptes, die im Begriff der Veränderung von Handlungsmöglichkeiten angedeutete entwicklungsorientierte Perspektive und ein spezifisches Verhältnis zwischen denjenigen, die fördern, und denen, die gefördert werden. Denn jede Fassung eines Begriffs der Förderung wird davon geprägt, welche Rolle dem Subjekt im Prozess der Förderung zugebilligt wird. Ist das Subjekt Erdulder, d. h. Objekt externer Bemühungen um seine Veränderung, oder ist das Subjekt autonomer und aktiver Gestalter seiner eigenen Veränderung?

Ein Dilemma unseres schulischen Alltags zeigt sich darin, dass unter dem mutmaßlichen Druck von Lehrplänen, Richtlinien und normativen Erwartungen zu oft davon ausgegangen wird, dass Förderung im Wesentlichen eine extern induzierte und durch externe Instanzen, z. B. durch Noten belohnte Veränderung sei. Die klassischen behavioristischen Lerntheorien legitimieren eine solche Sicht und die Strategien der kleinschrittigen Belehrung und der Maßnahmen der Bestrafung unerwünschten Verhaltens und der Belohnung erwünschter Veränderungen. Nicht weit sind die Überzeugungen, dass es im Prozess der Erziehung vordringlich um die Einpassung junger Menschen in einen gesellschaftlichen Kontext und um die entsprechende Übernahme von Wissensbeständen und normativen Erwartungen gehe. Meine Definition von Förderung stellt auf bildungstheoretischem und aktuell entwicklungspsychologischem Hintergrund in Rechnung, dass 'Förderung' über die unmittelbare Übernahme kultureller Erfahrungen, Normen und Werte hinauszugehen habe und zu verstehen sein sollte als "Prozesse der Stärkung der Reflexivität des Subjekts und seiner Möglichkeiten, ein aktives geistiges Verhältnis zu seinen gesellschaftlich entstandenen und determinierten Lebensbedingungen aufzunehmen, sie in ihrer Gewordenheit zu rekonstruieren und in ihrer Veränderbarkeit emanzipativ zu begreifen" (Schuck 2001a, S. 64). So gesehen sind Bildung und damit auch Förderung zu verstehen als Prozesse der Unterstützung der Autonomie, Selbstbestimmung und gesellschaftlichen Teilhabe des Subjekts. Unter einem solchen Verständnis ist der Begriff der 'Förderung' anschlussfähig an die gängigen Zielbegriffe der Erziehungswissenschaft. Und ein solches Verständnis kann ich gut in den Rahmenvorgaben Ihres Bundeslandes erkennen.

2.2 Förderbedürfnis und Förderbedarf

Der bei uns eingeführte Begriff des 'Sonderpädagogischen Förderbedarfs' folgt einer englischen Entwicklung der siebziger Jahre und ist die Übersetzung von 'special educational needs'. Ich erlebe diese Übersetzung als missverständlich. Denn 'needs' bedeutet zuallererst 'Bedürfnisse' und sodann 'Notwendigkeiten'. Mit 'special educational needs' sind im angloamerikanischen Sprachgebrauch nicht nur besondere pädagogische Bedürfnisse der Schülerinnen und Schüler gemeint, sondern vor allem besondere vom Schulsystem zu realisierende pädagogische Notwendigkeiten, deren Umsetzung dort streng kontrolliert wird. Im Begriff der 'educational needs' mischen sich damit einerseits personale Aspekte, die individuellen Bedürfnisse, und andererseits herzustellende, institutionelle Bedingungen im System der Förderung. Was allerdings Bedürfnisse heranwachsender Menschen sind und wie sie in den Prozess der Förderung hineinspielen, wird je nach gewähltem theoretischen Kontext unterschiedlich beurteilt. Den von mir bevorzugten dynamischen und lebensweltlich orientierten Bedürfnistheorien liegt ein Menschenbild zugrunde, in dem der aktive Mensch in alltäglichen Austauschprozessen mit den Bezugspersonen seiner Lebenswelten Bedürfnisse nach Anerkennung, nach Teilhabe, nach einer wertorientierten Selbstverwirklichung und Sinnerfüllung, nach emotionaler Bindung, Identität und Persönlichkeitsentwicklung realisiert (Beck 1996). Holzkamp (u. a. 1993) rechnet in seinem kritisch-psychologischen Ansatz jedem Subjekt das Bedürfnis zu, durch die Realisierung gesellschaftlicher Handlungsmöglichkeiten, wie z. B. Lesen, Schreiben und Rechnen, Kontrolle über seine eigenen, durch den gesellschaftlichen Kontext bestimmten Lebensbedingungen zu gewinnen und seine Lebensqualität zu erhöhen. Im Kern geht es in allen Bedürfnistheorien um die Frage nach allgemein menschlichen und individuellen Entwicklungszielen, die als Themen der individuellen Biographie das konkrete Handeln bestimmen.

Gängige Definitionen dessen, was Förderbedarf ist, zentrieren demgegenüber keineswegs auf die individuelle Seite des Problems. So betonen Arnold und Kretschmann (2002, 266 f.), dass die sonderpädagogische Förderung auf den Plan gerufen werde, wenn es zu Passungsproblemen in der allgemeinen Schule zwischen den lehrplanbezogenen Leistungsanforderungen und den Schülerleistungen oder zwischen dem sozialen Verhalten des Einzelnen und den Interaktions- und Kommunikationsregeln der Klassengemeinschaft gekommen sei. Die Feststellung des Sonderpädagogischen Förderbedarfs und die sonderpädagogische Förderung bestehen in dieser Vorstellung in der Präzisierung der unterschiedlichen Passungsprobleme und im Versuch, die Passungsprobleme durch eine kompensierende oder zieldifferente Förderung zu lösen. Die Präzisierung von Passungsproblemen verlangt nach Operationalisierungen unterschiedlicher, schulisch für bedeutsam gehaltener Persönlichkeits- und Leistungsaspekte. Sie sind in den KMK-Empfehlungen bereits durch das Konzept der Förderschwerpunkte und verschiedener Förderbereiche wie die Sensorik, Motorik, die Kognition, die Kommunikation, das Sozialverhalten, die

Emotionalität, die Motivation und das Lern- und Arbeitsverhalten angedeutet. Auf der Ebene praktischer Umsetzungen führten derartige Operationalisierungen zu langen Defizitlisten, die der Bestimmung individueller Förderschwerpunkte und Förderbedarfe dienen und der weiteren Unterrichtsplanung zugrunde gelegt werden.

In diesem Spannungsfeld bewegt sich jede Pädagogik und damit jede pädagogische Diagnostik: Auf der einen Seite können wie auch immer bestimmbare Lebensbedürfnisse von Menschen nach Teilhabe an der Verfügung über die eigenen Lebensbedingungen vermutet werden und auf der anderen Seite gibt es Feststellungen darüber, in welcher Weise Schülerinnen und Schüler die Erwartungen an ihre Kompetenzen, Fähigkeiten und Fertigkeiten nicht erfüllen. Erfolgreiche pädagogische Aktivitäten brauchen einen weiteren Ankerpunkt, nämlich die Suche danach, warum sich die Schülerinnen und Schüler mit den schulischen Lerngegenständen gerade so beschäftigt haben, dass es zu den festgestellten Passungsproblemen kommen musste. Eine psychodynamische Sicht der Dinge fragt zunächst nicht nach Begabung und Intelligenz, sondern nach Motiven, Bedürfnissen und Handlungen und deren Begründungen. Wird z. B. die Aneignung der Schriftsprache als ein vom Individuum ausgehender aktiver Prozess verstanden, so sind es die Lernhandlungen des Individuums, die den Erfolg oder Misserfolg erklären. Nicht die festgestellten Defizite sind danach der Schlüssel zu einer besseren Förderung, sondern taugliche Hypothesen darüber, warum sich ein Subjekt mit den Lerngegenständen so und nicht anders auseinander gesetzt hat und welches die Begründungen seiner Handlungen waren (Koch u. a. 2001). In Holzkampscher Terminologie wird in der gängigen Bestimmung des Förderbedarfs als Passungsproblem lupenhaft auf den so genannten operativen Aspekt menschlicher Handlungsfähigkeit (Holzkamp z. B. 1993), die Fertigkeiten und Kompetenzen nämlich, zentriert. Die menschlichen Handlungen selbst und deren Begründungen bleiben zu oft und gerade auch in der Diagnostik ohne Beachtung. Wird Diagnostik an den Fertigkeiten und Kompetenzen, d. h. an den operativen Aspekten von Handlungen orientiert, resultieren daraus zwangsläufig Aussagen darüber, welche Quantität von Ressourcen bezogen auf das für notwendig gehaltene Training operativer Funktionen und mutmaßlicher Lernvoraussetzungen notwendig erscheint. Eine allenfalls untergeordnete Rolle spielen Qualitäten pädagogischer Handlungen, die die Handlungsfähigkeit der Schülerinnen und Schüler eben nicht auf den operativen Aspekt der Fertigkeiten und Kompetenzen verkürzen.

Ich habe mehrfach vorgeschlagen, im diagnostischen Geschehen - ob bei einer Eingangsdiagnostik oder einer lernprozessbegleitenden Diagnostik - folgende Begriffe zu unterscheiden und z. B. in Gutachten, Entwicklungsberichten und Förderplänen entsprechend zu verwenden.

(1.) *Bedürfnisse* sind theoriebezogene Konstruktionen universeller und individueller Entwicklungsziele, Motive und Handlungsbegründungen, die jedem Subjekt in seiner Biographie zu eigen geworden sind und sich in seiner Handlungsgeschichte und in den aktuellen Handlungen zeigen. Diese Bedürfnisse sollten in ihrer individuellen Fassung im pädagogisch-diagnostischen Prozess erschlossen werden.

(2.) Der *individuelle Förderbedarf* ist eine Ableitung aus den vom Außenbeobachter erkannten mutmaßlichen Bedürfnissen. Dieser individuelle Förderbedarf ist nicht mehr wirklich individuell, sondern eine auf mehr oder weniger hohem theoretischen und methodischen Niveau vorgenommene Rekonstruktion motivationaler Handlungsbedingungen und -begründungen. Dieser erschlossene individuelle Förderbedarf kann sich auf alle Lebenswelten des Individuums beziehen und sollte z. B. Aussagen darüber treffen, wo und auf welche Weise ein Subjekt in unterschiedlichen Lebens-welten daran gehindert wurde und wird, seine Bedürfnisse z. B. nach Autonomie, Selbstbestimmung, Kontrolle über die eigenen Lebensbedingungen und gesellschaftlicher Teilhabe zu realisieren, und wie es zukünftig darin zu unterstützen sein wird, dieses allgemein menschliche und möglicherweise individuell zum Problem gewordene Bedürfnis umzusetzen.

Davon zu unterscheiden ist (3.) der *institutionell definierte individuelle Förderbedarf.* Das sind die Konsequenzen aus den festgestellten Passungsproblemen zwischen Individuum und schulischen Anforderungen, denen z. B. das Modell von Arnold und Kretschmann gewidmet ist.

Von individuellen Kategorien des Förderbedarfs ist (4.) zu unterscheiden der *Veränderungsbedarf* und, wenn man will, der *'Förderbedarf' der Institution.* Er betrifft die von der Machbarkeit zunächst unabhängigen Veränderungsnotwendigkeiten des Systems, wenn dem individuellen Förderbedarf schulisch oder auch schulunabhängig entsprochen werden soll.

Schließlich ist (5.) die *Verfügbarkeit von schulischen Ressourcen,* die das System Schule für die Erzeugung eigener und individueller Veränderungen bereitstellen kann und will, davon abzuheben.

Und zuletzt wäre (6.) *die Verfügbarkeit von Ressourcen außerschulischer Unterstützungssysteme* zu beschreiben, die in anderen sozialen Unterstützungssystemen nutzbar sind bzw. gewährt werden können, um das individuelle Problem in eine umfassende systemische Förderung zu überführen.

3 Lernprozess

Förderung will, wie ausgeführt, individuelle Handlungsmöglichkeiten verändern. Es liegt also nahe, diesen Veränderungsprozess einschließlich der Bedingungen zu erfassen, die ihn herbeigeführt haben. Die lernprozessbegleitende Diagnostik ist die Tätigkeit, die die Bedingungen der absichtsvoll herbeigeführten Prozesse der Veränderung und die Veränderung selbst begleitet. Der Lernprozess hat damit mindestens zwei Seiten: Es sind einmal die internen Prozesse der Auseinandersetzung des Individuums mit einem Lerngegenstand, das heißt die Lernhandlungen und deren Begründungen. Zum anderen sind es die externen Prozesse der Beeinflussung und Begleitung der Lernhandlungen. In diesem Spektrum werden unterschiedliche Bedeutungen mit den Begriffen Lernprozess und Prozessdiagnostik verbunden.

Prozessdiagnostik ist ursprünglich ein Terminus der verhaltensorientierten Diagnostik, hebt sich ab von der so genannten Statusdiagnostik und rechnet mit der Veränderbarkeit des Verhaltens durch Aktivitäten der Umwelt. Prozessdiagnostik ist dabei nichts weiter als die Aneinanderreihung verschiedener Messungen eines für veränderbar gehaltenen Merkmals oder eines Verhaltens zu unterschiedlichen Zeitpunkten.

Die der Status- und Prozessdiagnostik ursprünglich zugrunde liegenden Persönlichkeitsvorstellungen machen keine expliziten Annahmen über die inneren Bedingungen von Verhaltensänderungen. Aus aktuellen psychologischen Theorien und der daraus abgeleiteten strukturorientierten Diagnostik jedoch folgt, dass es Ziel der gegenstandsbezogenen Förderung sein muss, innere Repräsentationen des Lerngegenstandes und damit subjektive Theorien über den Gegenstand und erweiternd über sich selbst zu verändern. Die Veränderung innerer Repräsentationen bzw. subjektiver Theorien kann nur durch die Aktivitäten der Individuen selbst hervorgerufen werden. Damit spitzt sich die Frage darauf zu, wie individuelle Aktivitäten zur Veränderung subjektiver Theorien entfacht werden können. Entwicklungspsychologisch begründete didaktische Konzepte setzen dabei auf die gemäßigt neuartigen Anforderungen. Die erreichten Stadien von Aneignungsniveaus lassen sich durch standardisierte, qualitative Aufgaben entlang der Komplexitätsstufen des Gegenstandes abbilden. Der individuelle Entwicklungsprozess zeigt sich in diesem Denken im Erreichen eines höheren Repräsentationsniveaus bei der nächsten Messung. Der mutmaßlich abgelaufene individuelle Entwicklungsprozess erschließt sich aufgrund der vorhandenen Annahmen über den Gegenstand und die Lerntätigkeit von Menschen bereits bei einer einzigen (Status)messung, erst Recht dann, wenn nach einem gewissen Abstand das Individuum erneut mit den gegenstandsbezogenen Aufgaben statusdiagnostisch konfrontiert wird. Unter der Aktivitätsannahme ist damit die Feststellung eines Aneignungsniveaus zugleich ein Blick auf den bisherigen Lernprozess, der sich durch das Wissen über einen Lerngegenstand und die Lerntätigkeit von Menschen erschließt.

Damit sind die Aufgaben einer lernprozessbegleitenden Diagnostik definiert:

Der operative Aspekt

Darstellung des zu unterschiedlichen Zeitpunkten erreichten gegenstandsspezifischen Repräsentationsniveaus, der erreichten Fertigkeiten und Kompetenzen, der operativen Möglichkeiten eben.

Die externen Bedingungen

Beschreibung der Bedingungen, die die individuellen Aktivitäten zur Veränderung interner Repräsentationen in Gang brachten bzw. verhinderten. Das sind die materiellen und personalen Gegebenheiten des Lernumfeldes, insbesondere die Aktivitäten der Kooperationspartner zur Anregung und Begleitung der Lernhandlungen.

Die internen Bedingungen

Beschreibung der Lernhandlungen, der motivationalen und Begründungsaspekte. D. h. die individuellen Begründungen der Handlungen.

4 Diagnostik als ein Prozess der Entwicklung eines Förderkonzeptes und eines Förderplans als variable Grundlagen kontrollierter Praxis

In den gesetzlichen Grundlagen Ihres Bundeslandes wie in anderen konzeptionellen Entwürfen scheint es eine Übereinstimmung darin zu geben, dass dem wie auch immer festgestellten pädagogischen oder sonderpädagogischen Förderbedarf ein Förderplan zu folgen habe, der die Ausgangslage und die Ziele der Förderung sowie die darauf bezogenen pädagogischen Notwendigkeiten und Aktivitäten evaluierbar beschreibt. Ich denke mir die dazu notwendige Diagnostik als einen aus einer diagnostischen und praktischen Phase bestehenden einheitlichen Prozess, der zunächst in der eingangsdiagnostischen Phase zu einem Förderkonzept führen muss, welches sich im pädagogischen Prozess zu bewähren hat (Kautter und Munz 1974, Schuck 2001b). Es macht dabei durchaus Sinn, das Förderkonzept vom Förderplan nach folgendem Kriterium zu unterscheiden: Das Förderkonzept dient der Bestimmung der systemunabhängigen und von der Machbarkeit her unabhängigen pädagogischen Notwendigkeiten. Der Förderplan hingegen bewegt sich auf dem Boden der Realität, benennt das Machbare und hält das im zeitlichen Verlauf Kontrollierbare fest. Das eigentliche Problem liegt hierbei wiederum in Auffassungen von Förderung, die bei der Entwicklung eines Förderkonzepts und eines daraus abgeleiteten Förderplans zugrunde gelegt werden.

Förderpläne aktueller Fassungen stehen in der Gefahr in einen neuen Lehr-Lernkurzschluss (Holzkamp) zu führen, nämlich in die Überzeugung, dass das Subjekt schon die wünschenswerten und ihm aufgenötigten Entwicklungen vollziehen wird. Deshalb werden Lernziele in grundlegenden Entwicklungsbereichen und schulischen Kompetenzbereichen für die Schülerinnen und Schüler fein operationalisiert festgehalten. Diesen Operationalisierungen werden zeitliche Perspektiven und Erwartungen beigegeben. Es werden Angaben zu notwendigen pädagogischen Aktivitäten gemacht. Es werden Leistungsvereinbarungen zwischen Pädagoginnen und Pädagogen und Vereinbarungen zu Strategien der Evaluation getroffen. Das sind durchaus sinnvolle Elemente von Förderplänen, die jedoch neue Versuche der Verobjektivierung des Subjekts unter den lehrplanmäßigen Anforderungen des Schulsystems sein können, die mit allerlei Kontrollmöglichkeiten sowohl der Entwicklung der Schülerinnen und Schüler als auch der Aktivitäten der Pädagoginnen und Pädagogen versehen sind. Der Begriff der Förderung reduziert sich dabei schnell auf die technokratische und mutmaßliche Behebung festgestellter Passungsprobleme im Leistungs- und Verhaltensbereich ohne Einbezug des Subjektstandpunktes.

Wird aber die Kategorie des Bedürfnisses ernst genommen, kann die Planung einer Förderung nur vom Subjektstandpunkt aus gelingen. Danach wäre der Ausgangspunkt jedes auf eine Förderung zielenden diagnostischen Prozesses die Überzeugung, dass die bisherigen Handlungen in der Auseinandersetzung mit schulischen und auch außerschulischen Lernanforderungen subjektiv funktional im Bemühen um eine erweiterte Kontrolle über die eigenen Lebensbedingungen waren (Koch u. a. 2001). Dabei ist die Frage zu stellen, welche Handlungsmöglichkeiten vom Subjekt in seinen Handlungsbegründungen aufgegriffen wurden und welche anderen Handlungsmöglichkeiten, die zu alternativen Prämissen und damit zu alternativen Begründungsmustern für Handlungen werden könnten, vorhanden und für Förderung nutzbar sind. Dabei kommen selbstverständlich die Weiterentwicklung und Kompensation von Operationen (Kompetenzen) in den Blick. Nur: Eine Zusammenstellung von operativen Defiziten erklärt weder die Ursache für eine Lern- und Entwicklungsschwierigkeit noch die Zusammenhänge zwischen Operationen und Handlungen. So erklären festgestellte oder unterstellte Schwierigkeiten in der "Figur-Grund-Wahrnehmung" keineswegs Schwierigkeiten im Schriftspracherwerb. Wichtiger ist die Frage, wie die Operation des Schreibens in die Handlungsketten des Subjekts eingebaut, d. h. für das Subjekt sinnvoll werden kann und wie das Subjekt darin unterstützt werden kann, das Lernen der grundlegenden Operation als Mittel zur Erweiterung seiner Handlungsfähigkeit begründetermaßen aufzufassen.

Die Erweiterung der Handlungsfähigkeit eines Subjekts ist vor dem Hintergrund dieses subjektwissenschaftlichen Ansatzes nicht als das Beheben eines festgestellten Defizits operativer Fähigkeiten zu beschreiben. Zu suchen ist nach Operationen, die für das Subjekt in seinen Handlungszusammenhängen Potentiale der Entwicklung seiner Handlungsfähigkeit beinhalten. Die operative Ebene der Förderung erhält erst auf die Handlungszusammenhänge bezogen ihren Stellenwert. Förderung würde bedeuten, die Begründungen von Handlungen in Erfahrung zu bringen, Alternativen darzustellen und Aneignungsgegenstände anzubieten und aufzuschließen. Dieses Verständnis von Förderung umschließt Bemühungen der Weiterentwicklung auf der operativen Ebene, z. B. im Bereich des mathematischen Verständnisses, des Zahlbegriffs, der Mengeninvarianz oder des phonologischen Prinzips innerhalb des Schriftspracherwerbs. Doch klar bleiben muss, dass die Analyse der Strukturen von Lerngegenständen und des jeweils erreichten individuellen Aneignungsniveaus zwar eine notwendige, aber keine hinreichende Voraussetzung ist, um potentielle Lernhandlungen und Lernbedürfnisse in der Aneignung der jeweiligen Lerngegenstände zu analysieren.

Ein tauglicher Förderplan kann sich nicht in Angaben darüber erschöpfen, mit welcher Technologie ein Individuum in einem festgelegten Zeitraum vom Kenntnis- und Fähigkeitsstand A zum Kenntnis- und Fähigkeitsstand B gebracht werden kann. Gegenstand des Förderkonzepts, des Förderplans und der Förderung ist zuallererst das handelnde Subjekt und dabei die Schaffung von Möglichkeitsräumen, die für das Subjekt anregend genug sein können, neue und andere Handlungsbegründungen aufzugreifen (Koch u. a. 2001). Die zu schaffenden Möglichkeitsräume sollten das Subjekt dazu anregen, sich mit der Weiterentwicklung der operativen Aspekte seiner Handlungsfähigkeit in neuer Weise zu beschäftigen und, gestützt durch kluge Arrangements der Pädagoginnen und Pädagogen, das Lernen in der Zone der nächsten Entwicklung zu bewältigen. Die dazu notwendigen pädagogischen Aktivitäten, Kooperationsfelder und Diskurslandschaften im unmittelbaren schulischen und auch außerschulischen Umfeld sind dafür im Förderplan zu beschreiben und so weit zu operationalisieren, dass ihre Evaluation und gegebenenfalls Modifikation in Zukunft möglich ist.

Erfolgskriterien eines in dieser Weise auf das "System" bezogenen Förderkonzeptes und Förderplans zur Erhöhung der pädagogischen Professionalität und Qualität sind für mich auf der Seite der Schülerinnen und Schüler veränderte Handlungsbegründungen und Handlungen, eine veränderte emotionale und soziale Situation der Schülerinnen und Schüler (Rauer/Schuck 2003) und veränderte subjektive Theorien über sich selbst und die maßgeblichen Lerngegenstände (Schlee 1998). Auf der Seite der Pädagoginnen und Pädagogen sind es veränderte Formen der Betrachtung, Anregung und Begleitung individueller Lernhandlungen und Lernergebnisse und andere Formen der Kooperation zwischen den Lehrkräften sowie zwischen den Lehrkräften und den Schülerinnen und Schülern.

Vor diesem Hintergrund lassen sich die Arbeitsschritte für die Entwicklung eines Förderkonzeptes und seiner evaluativen Begleitung wie folgt planen und durchführen (vgl. Abbildung 1 auf Seite 135). Die diesem Schema zugrunde liegenden Ideen sind so alt (Kautter und Munz 1974) wie weitgehend ohne wirklichen Rückhalt in der aktuellen Praxis behindertenpädagogischer Begutachtung:

I: Am Anfang steht eine Bestandsaufnahme. Sie dient der Vergewisserung über die gegenwärtige Situation, über die wirksamen Bedingungen im Entwicklungsprozess und die verfügbaren individuellen und lebensweltlichen Ressourcen. Des Weiteren sind die allgemeinen und spezifischen auf das Individuum und die Lebenswelten bezogenen pädagogischen Notwendigkeiten zu konzipieren und zwar unabhängig davon, ob sie unter dem möglichen Ressourceneinsatz auch realisierbar sind. Es geht in dieser Phase um den individuellen und den institutionell definierten Förderbedarf sowie um die Veränderungsnotwendigkeiten des Systems, wenn dem individuellen und institutionell definierten Förderbedarf im schulischen oder auch außerschulischen Kontext entsprochen werden soll.

II: Im Förderplan sind auf dem Hintergrund verfügbarer Ressourcen und Möglichkeiten die pädagogischen Maßnahmen zur Eröffnung von Entwicklungsräumen bezogen auf das Individuum und die schulischen und außerschulischen Lebenswelten festzuhalten. Im Förderplan sind Aussagen über den institutionellen Ort der Förderung und die Zeithorizonte erwarteter Veränderungen

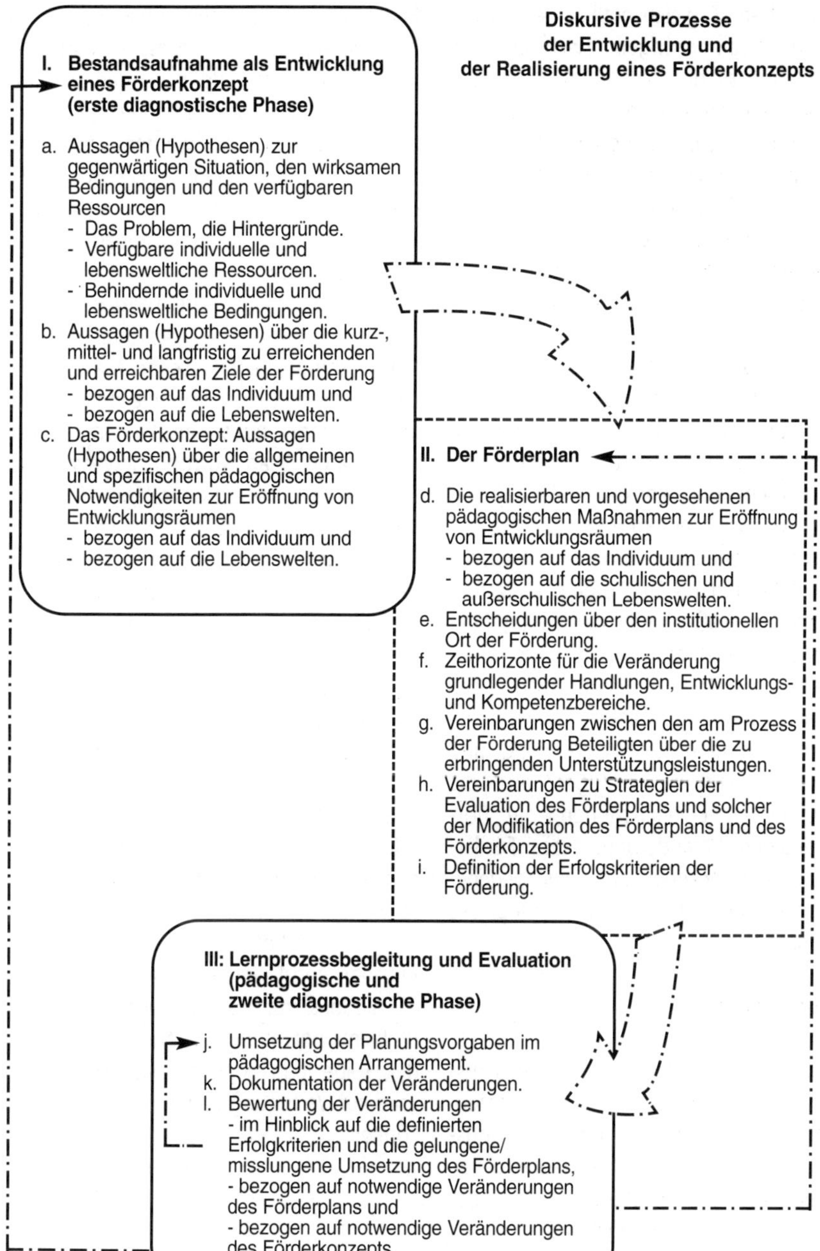
Diskursive Prozesse der Entwicklung und der Realisierung eines Förderkonzepts
I. Bestandsaufnahme als Entwicklung eines Förderkonzept (erste diagnostische Phase)
a. Aussagen (Hypothesen) zur gegenwärtigen Situation, den wirksamen Bedingungen und den verfügbaren Ressourcen
- Das Problem, die Hintergründe.
- Verfügbare individuelle und lebensweltliche Ressourcen.
- Behindernde individuelle und lebensweltliche Bedingungen.
b. Aussagen (Hypothesen) über die kurz-, mittel- und langfristig zu erreichenden und erreichbaren Ziele der Förderung
- bezogen auf das Individuum und
- bezogen auf die Lebenswelten.
c. Das Förderkonzept: Aussagen (Hypothesen) über die allgemeinen und spezifischen pädagogischen Notwendigkeiten zur Eröffnung von Entwicklungsräumen
- bezogen auf das Individuum und
- bezogen auf die Lebenswelten.
II. Der Förderplan
d. Die realisierbaren und vorgesehenen pädagogischen Maßnahmen zur Eröffnung von Entwicklungsräumen
- bezogen auf das Individuum und
- bezogen auf die schulischen und außerschulischen Lebenswelten.
e. Entscheidungen über den institutionellen Ort der Förderung.
f. Zeithorizonte für die Veränderung grundlegender Handlungen, Entwicklungs- und Kompetenzbereiche.
g. Vereinbarungen zwischen den am Prozess der Förderung Beteiligten über die zu erbringenden Unterstützungsleistungen.
h. Vereinbarungen zu Strategien der Evaluation des Förderplans und solcher der Modifikation des Förderplans und des Förderkonzepts.
i. Definition der Erfolgskriterien der Förderung.
III: Lernprozessbegleitung und Evaluation (pädagogische und zweite diagnostische Phase)
j. Umsetzung der Planungsvorgaben im pädagogischen Arrangement.
k. Dokumentation der Veränderungen.
l. Bewertung der Veränderungen
- im Hinblick auf die definierten Erfolgkriterien und die gelungene/ misslungene Umsetzung des Förderplans,
- bezogen auf notwendige Veränderungen des Förderplans und
- bezogen auf notwendige Veränderungen des Förderkonzepts.

Abbildung 1

zu treffen. Zugleich enthält der Förderplan Vereinbarungen zwischen den am Prozess der Förderung Beteiligten über die zu erbringenden Unterstützungsleistungen. Darin eingeschlossen sollten auch Vereinbarungen mit den Eltern sein. Der Förderplan enthält schließlich Vereinbarungen über die Strategien der Evaluation des Förderplans und die Erfolgskriterien der Förderung.

III: Der Bestandsaufnahme und der formellen Erstellung des Förderplans folgt die praktische Phase, das heißt die Umsetzung des Förderplans in konkreten Unterricht und konkrete Maßnahmen der unterrichtsintegrierten und unterrichtsbegleitenden Förderung. Gegebenenfalls sind die im Förderplan festgehaltenen Maßnahmen der außerschulischen Unterstützung (zum Beispiel des Familien-systems) umzusetzen. Die Umsetzung wird begleitet durch eine Dokumentation der Veränderung und ihrer Bewertung bezogen auf die definierten Erfolgskriterien, die notwendigen Veränderungen des Förderplans und bezogen auf eine gegebenenfalls notwendige Veränderung des Förderkonzeptes.

5 Zum Schluss

Nach diesen eher metatheoretischen Überlegungen bleibt die Frage offen, welche Persönlichkeits- und Leistungsbereiche Gegenstand eines individuellen Förderplans sein sollten. Die in der Abbildung 1 verarbeitete Philosophie weist die Richtung: Diagnostik in der ersten Phase ist ein hypothesenbildender und hypothesenprüfender Prozess. Geklärt werden soll für das Kind bzw. den Jugendlichen, (1.) wie das individuelle Problem adäquat beschrieben werden kann und wie es entstanden sein mag, welches (2.) die Ziele der Förderung sind bzw. sein können und (3.) welche pädagogischen Notwendigkeiten aus dem höchst individuellen Problem abgeleitet werden können. So gesehen verbietet sich die routinemäßige Verwendung diagnostischer Materialien. Gefordert sind vielmehr auf die individuellen Problemlagen bezogene Fragen, denen nach ihrer Beantwortung jeweils neue Fragen folgen, bis ein tragfähiges Hypothesengerüst zu den Aspekten a. bis c. der Abbildung 1 entstanden ist. Als tragfähig kann ein Hypothesengerüst bezeichnet werden, wenn es Eingang finden kann in die folgende pädagogische Phase und sich dort auch noch bewährt. Regelhaft werden bei Kindern, die der allgemeinen Schule zum Problem geworden sind, die in der Abbildung 2 zusammengestellten Themen bezogen auf das Individuum selbst oder seine Lebenswelten je nach individueller Problemkonstellation mit unterschiedlichem Gewicht aufgegriffen werden müssen. Die Professionalität der Diagnostikerinnen und Diagnostiker zeigt sich darin, ob sie das zur Lösung des individuellen Problems notwendige diagnostische und in der Folge pädagogische Methodenrepertoire zur Verfügung haben und verwenden können.

Themen bei der Entwicklung eines Förderkonzepts und bei der Begleitung einer Förderung

Das Individuum

1. **Fragen hinsichtlich des aktuellen Lern- und Leistungsstandes in einzelnen Schulfächern:** Erreichtes Aneignungsniveau im Rechnen, Lesen und Schreiben, Beherrschung der deutschen Sprache bzw. der Muttersprache als Bedeutungsträger und zur Bedeutungsvermittlung.

2. **Formen der Beschäftigung/Auseinandersetzung mit einzelnen Lerngegenständen:** Arbeitsverhalten, Arbeitsstrategien und Leistungsmotivation.

3. **Individuelle Handlungsgrundlagen und Lernvoraussetzungen:** Sinnesphysiologie (Sehen und Hören), visuelle und auditive Wahrnehmung, motorische Entwicklung und motorisches Handeln, Umweltkenntnisse und Umwelterfahrungen, allgemeines kognitives Leistungsniveau, sozial-emotionale Voraussetzungen, Persönlichkeits- und Motivationsstruktur.

4. **Prämissen und Begründungen von Handlungen**

5. **Emotionale und soziale Schulerfahrungen**
Selbstkonzept, Soziale Integration, Sozialklima, Lernfreude, Anstrengungsbereitschaft, Schuleinstellung, Gefühl des Angenommenseins

Die Systeme / Lebenswelten

6. **Die Lernsituation in der Klasse:** dominierende Interaktionsformen zwischen den Schülern und zwischen Lehrer und Schüler, die psychosoziale Situation des Kindes in der Klasse, Unterrichtsklima, Erschwernisse durch die verwendeten Unterrichtsmaterialen, Erschwernisse durch die Sozialbeziehungen, Erschwernisse durch die Unterrichtsformen

7. **Die schulische Gesamtsituation:** Einzugsgebiet, Strukturen und Orientierungen des Lehrerkollegiums, das Schulklima.

8. **Außerschulische Entwicklung- und Lernbedingungen:** psychosoziale Situation der Familie, Normen und Werte in der Familie, Erziehungsstrategien und -verwalten der Eltern, Anregungsbedingungen der familiären und außerfamiliären Umwelt, Kontakte innerhalb und außerhalb der Familie.

Abbildung 2

Zum Schluss wäre festzuhalten: Lernprozessdiagnostik und individuelle Förderplanung kann gelingen, wenn die schulischen Rahmenbedingungen diskursive, d. h. kooperative Prozesse der Entwicklung, Realisierung und Veränderung eines Förderkonzeptes zulassen. Die Richtlinien Ihres Bundeslandes eröffnen Möglichkeitsräume, die sicherlich noch durch eine entsprechende diagnostische Praxis besetzt werden müssen. Dazu benötigen Sie nicht nur solide Kenntnisse diagnostischer, didaktischer und pädagogischer Methoden. Notwendig sind vor allem metatheoretische Kenntnisse zur menschlichen Entwicklung und Entwicklungsförderung.

Literatur

Arnold, K.H./Kretschmann, R.: Von der Eingangsdiagnose zu Förderungs und Fortschreibungsdiagnosen. In: Zeitschrift für Heilpädagogik 53 (2002) 266-271.

Beck, I.: Behinderung - spezielle Erziehungsbedürfnisse - sonderpädagogischer Förderbedarf: Theoretische Begründungs- und Vermittlungsprobleme einer 'lebensweltlich' und final orientierten Bestimmung des individuellen Bedarfs an Hilfen. In: Die neue Sonderschule 41 (1996) 443-456.

Bleidick, U.: Behinderung als Aufgabe. Stuttgart 1999.

Holzkamp, K.: Lernen - Subjektwissenschaftliche Grundlegung. Frankfurt 1993.

Kautter, H./Munz, W.: Verfahren der Aufnahme und Überweisung in die Sonderschule. In: Deutscher Bildungsrat (Hrsg.): Sonderpädagogik Band 3. Stuttgart[3] 1974, 222-333.

Koch, K./Schuck, K. D./Schwohl, J.: Diagnose und Förderung im subjektwissenschaftlichen Paradigma. Ein anderes Verständnis von Lern- und Entwicklungsproblemen. In: Verband Deutscher Sonderschulen, Fachverband für Behindertenpädagogik (Hrsg.): Entwicklung fördern - Impulse für Didaktik und Therapie (Sonderpädagogischer Kongress 2001, Band II). Würzburg 2001, 611.

Probst, H.: Die scheinbare und wirkliche Funktion des Intelligenztests im Sonderschulüberweisungsverfahren. In: Abé, I. u. a. (Hrsg.): Kritik der Sonderpädagogik. Gießen 1973, 107-183.

Rauer, W./Schuck, K. D.: Emotionale und soziale Schulerfahrungen: Ein mit pädagogischem Nutzen operationalisierbarer diagnostischer Gegenstand. In: Ricken, G./Fritz, A./Hofmann, Ch. (Hrsg.): Diagnose: Sonderpädagogischer Förderbedarf. Lengerich 2003, 292-306.

Schlee, J.: Diagnostik von Lernprozessen durch Rekonstruktion Subjektiver Theorien. In: Eberwein, H./Knauer, S. (Hrsg.): Handbuch Lernprozesse verstehen. Weinheim 1998, 66-80.

Schuck, K. D.: Diagnostik. In: Borchert, J. (Hrsg.): Handbuch der Sonderpädagogischen Psychologie. Bern 2000, 233-249.

Schuck, K. D.: Fördern, Förderung, Förderbedarf. In: Antor, G./Bleidick, U. (Hrsg.): Handlexikon der Behindertenpädagogik - Schlüsselbegriffe aus Theorie und Praxis. Stuttgart 2001a, 63-67.

Schuck, K. D.: Psychodiagnostik und Begutachtung. In: Antor, G./Bleidick, U. (Hrsg.): Handlexikon der Behindertenpädagogik - Schlüsselbegriffe aus Theorie und Praxis. Stuttgart 2001b, 260-264.

Schuck, K. D.: Sonderpädagogischer Förderbedarf oder: Stellen wir die richtigen Fragen im Prozess von Diagnose und Förderung. In: Ricken, G./Fritz, A./Hofmann, Ch. (Hrsg.): Diagnose: Sonderpädagogischer Förderbedarf. Lengerich 2003, 54-67.

Ständige Konferenz der Kultusminister der Länder in der BRD: Rahmenvereinbarung über die Ausbildung und Prüfung für ein sonderpädagogisches Lehramt. (Beschluss der Kultusministerkonferenz vom 6.5.1994). Bonn 1994.

1 Überarbeitete Fassung des Vortrags in Köln am 12.06.2003

Prof. Dr. Karl Dieter Schuck
Universität Hamburg
Institut für Behindertenpädagogik
Sedanstr. 19
20146 Hamburg

Rudolf Kretschmann

Diagnostik, Förderpläne und kollegiale Kooperation

1. Ausgangslage

Einige der Ergebnisse der PISA-Studie deuten darauf hin, dass es um die Diagnosekompetenz von Lehrerinnen und Lehrern an deutschen Schulen nicht zum Besten bestellt ist. Dies wird als **eine** der Ursachen für das schwache Abschneiden vieler Lernender in der PISA-Studie angesehen; denn wenn Lernrückstände nicht erkannt werden, kann und muss auch nichts unternommen werden, sie abzubauen. Mit der Folge, dass Defizite kumulieren und die unterrichtlichen Angebote die Lernenden nicht mehr erreichen.

Neben vielen anderen Maßnahmen soll eine verbesserte **Diagnosekompetenz** der Lehrkräfte zu einer Besserung bei den Lernleistungen der Schülerinnen und Schüler führen. Diagnosen sind ein wichtiger Bestandteil des pädagogischen Geschehens.

- Sie können im regulären Unterricht eingesetzt werden, um eine **optimale Passung** der Angebote an die Lernausgangslage von Lernenden zu erreichen.
- Sie können als ein **"Frühwarnsystem"** fungieren, um rechtzeitig Vorbeugemaßnahmen für lern- und entwicklungsgefährdete Kinder- und Jugendliche bereitzustellen.
- Sie sind unerlässlich als Mittel der **Krisenintervention**, wenn bereits manifeste Probleme eingetreten sind.

Um die Diagnostik von Sonderschullehrkräften sollte es etwas besser bestellt sein als bei anderen Lehrämtern, denn sie gehört traditionell zur Ausbildung von Sonderschullehrkräften. Allerdings gibt es auch hier Veränderungen, die eine Anpassung erfordern:

1. Im Zuge integrativer Bemühungen haben sich die Diagnoseaufgaben verschoben - von der Statusdiagnose zur Förderdiagnose, von der Feststellung des sonderpädagogischen Förderbedarfs zur diagnostischen Begründung und Ausformulierung von Förder- und Entwicklungsplänen.
2. Diese neue Diagnostik impliziert die Entwicklung und Verwendung neuer Diagnoseverfahren und, last, not least, hat sich
3. das Verständnis von Störungen gewandelt. Die Störung wird nicht mehr allein beim Kind gesucht. Vor dem Hintergrund systemischer Erklärungsmodelle wandelt sich die Diagnostik zur Kind-Umfeld-Analyse und zur Risiko- und Schutzfaktorendiagnostik.

Ich möchte in meinen Ausführungen herausarbeiten, welche Implikationen die Veränderungen haben und Möglichkeiten vorstellen, den neuen Anforderungen gerecht zu werden.

2. Formen und Anlässe sonderpädagogischer Diagnostik

Es gibt in den pädagogischen und sonderpädagogischen Handlungsfeldern unterschiedliche Diagnoseanlässe, die jeweils auch ein unterschiedliches diagnostisches Vorgehen bedingen und z.T. auch unterschiedliche Diagnoseverfahren erfordern.

1. **Eingangsdiagnosen**, wenn ein Kind zum ersten Mal zu einer Begutachtung vorgestellt wird. Bei diesen Eingangsdiagnosen verschafft man sich eine umfassende Übersicht über die Stärken und Schwächen eines Kindes sowie über sein Umfeld und formuliert Richt-

und Grobziele der Förderung, z.B. "Sprachförderung" oder "Abbau hyperaktiven Verhaltens" bzw. "Verbesserung der Schriftsprachkompetenz". In dem einen oder anderen Fall wird man auch überlegen, in welchem Setting diese Ziele am besten erreicht werden können.

2. **Förderungsdiagnosen i.e.S.**, bei denen es darum geht, Fein- und Nahziele der Förderung zu definieren und die erforderlichen Fördermaßnahmen zu planen, also **einen individuellen Entwicklungsplan** zu erstellen.
3. **Prozessbegleitende und Verlaufsdiagnosen**, bei denen verfolgt wird, wie das Kind auf die Förderangebote reagiert und
4. **Fortschreibungs- oder Abschlussdiagnosen.** Das sind Diagnosemaßnahmen, die in einem hinreichenden Abstand zu einer eingeleiteten Förderung realisiert werden, zum einen, um den Fördererfolg zu evaluieren, zum anderen, um Förderpläne basierend auf den hoffentlich eingetretenen Lernfortschritten fortzuschreiben oder auch, um zu dem Ergebnis zu kommen, dass die Förderung ihr Ziel erreicht hat und beendet werden kann. Nach spätestens einem Jahr wird man sich nicht mehr auf die Fördervorschläge der Eingangsbegutachtung verlassen können. Andererseits muss auch nicht immer wieder neu eine Eingangsdiagnose gestellt werden. Man wird statt dessen auf den Gebieten, auf denen Veränderungen angestrebt werden, erneute Diagnosen durchführen und neue Förderpläne entwerfen.

Eingangs- und Förderdiagnosen i.e.S. können fließend ineinander übergehen, wenn die gutachtende Person auch die **Förderung** übernimmt. Wird die Eingangsdiagnose von einer **anderen** Person übernommen als der, welche später die Förderung durchführt, plädiere ich für eine Trennung:

- Die Eingangsdiagnose beschränkt sich darauf zu ermitteln, ob ein sonderpädagogischer Förderbedarf vorliegt und Richt- und Grobziele für die Förderung zu formulieren.
- Basierend auf diesen Vorgaben werden am endgültigen Ort der Förderung und von den fördernden Lehrkräften diagnostische Feinanalysen durchgeführt - die Förderungsdiagnosen i.e.S. - und der endgültige Förderplan formuliert.

Solch eine Trennung ist sinnvoll, weil sich erst am Ort des Geschehens und in der Interaktion mit dem fördernden Team erweist, wie ein Kind auf die veränderte Situation reagiert und welche Angebote erfolgversprechend sind.

Die Eingangsdiagnosen sind Ihnen vielleicht unter anderen Bezeichnungen bekannt.

- Zu Zeiten, in denen Kinder mit umfangreichen Lern- und Entwicklungsrückständen ausschließlich in Sonderschulen unterrichtet wurden, sprach man von der Feststellung der Sonderschulbedürftigkeit.
- Von der Feststellung sonderpädagogischen Förderbedarfs spricht man in der Förderzentrumsarbeit, wenn die Bedürftigkeit im Einzelfall nachgewiesen werden muss, um eine Regelschulklasse mit Sonderschullehrerstunden auszustatten.
- Dort wo von vornherein feststeht, wie viele Sonderschullehrerstunden in eine Klasse gegeben werden, ist die Erstdiagnose von dem administrativen Ballast befreit, über den Lernort entscheiden zu müssen oder die Zuweisung von Sonderschullehrerstunden zu begründen. Dennoch ist es auch hier sinnvoll, sich bei Kindern, die Schwierigkeiten erkennen lassen, zunächst mittels einer

Eingangsdiagnose ein umfassendes Bild zu verschaffen, das dann fortlaufend durch Förder- und Fortschreibungsdiagnosen ergänzt werden kann.

Die Eingangsdiagnose

Bei den Eingangsdiagnosen stellt sich die Frage "Wonach muss ich suchen, was muss ich berücksichtigen?". Die Antworten auf diese Frage hängen in hohem Maße von den Vorstellungen ab, die ich von der Genese von Lernerfolg und Lernversagen habe.

- Bis in die siebziger Jahre hinein dominierte die Auffassung vom Lernerfolg als Folge angeborener Begabung und vom Lernversagen als Folge angeborener Minderbegabung. Vor dem Hintergrund dieser Auffassung wurde der Intelligenztest zum Maß aller Dinge.
- Heute weiß man, dass der Lernerfolg hochgradig umfeldabhängig ist, dass es Gefährdungspotenziale im schulischen wie im häuslichen Umfeld gibt, die den Lernerfolg beeinträchtigen können, aber auch Unterstützungspotenziale, die einem Kind über Schwierigkeiten hinweghelfen können. Daher ist auch das Umfeld in die diagnostischen Operationen mit einzubeziehen.

Die Leitvorstellung pädagogisch-diagnostischer Bemühungen ist die **"Kind-Umfeld-Analyse"**, bei der ermittelt wird, wie zum einen Eigenschaften, Verhaltensweisen und Kompetenzen des Kindes zur Lernentwicklung beitragen, zum anderen, wie das Lernverhalten durch Umfeldbedingungen beeinflusst wird.

Kind-Umfeld-Analyse bedeutet, dass ich mir zum einen diagnostische Erkenntnisse über die Lernausgangslage und die Eigenschaften des Kindes zu verschaffen versuche, zum anderen, dass ich in Erfahrung bringe, welche lernhemmenden oder welche lernförderlichen Bedingungen (Unterstützungs- und Gefährdungspotenziale) im Umfeld eines Kindes gegeben sind. Im außerschulischen Umfeld und im schulischen Umfeld.

Im Mittelpunkt der diagnostischen Bemühungen wird zunächst das Kind stehen. Folgende Sachverhalte sind zu untersuchen:

1. Aktuelle **Befindlichkeiten (Ist-Zustand):** Hierunter sind aktuelle lernrelevante Kompetenzen zu verstehen sowie Gefühle, Einstellungen und Verhaltensweisen. An vorderster Stelle die **Schulleistungen**, das erreichte Lernniveau. Nur wenn ich weiß, wie weit ein Kind gekommen ist, was ihm leicht fällt, womit es sich schwer tut, kann ich eine optimale Passung der Lehrangebote vornehmen. Nicht weniger wichtig sind jedoch das **Arbeitsverhalten**, das **Sozialverhalten**, die sprachliche Entwicklung und, last, not least, die **Gefühle** beim Lernen und die Lernmotivation.
2. Von diagnostischem Interesse ist weiterhin die **Entwicklung**: Zurückstellungen, Wiederholungen, erfolglose Förderversuche **vor** dem Untersuchungszeitpunkt deuten auf einen umfangreichen Förderbedarf, bei ungünstigen Indikatoren in den anderen Bereichen auf einen sonderpädagogischen Förderbedarf.
3. Gleiches gilt für die Ressourcen: Verfügt ein Kind neben seinen Schwierigkeiten in einem umschriebenen Lernbereich über **Stärken** auf anderem Gebiet, über ein hinreichendes intellektuelles Potenzial oder eine robuste körperliche Konstitution, ist die Prognose günstiger als umgekehrt. Zu den Ressourcen sind - ich greife hier vor - ggf. auch Unterstützungspotenziale im häuslichen Umfeld zu rechnen.

Umfangreiche Schwierigkeiten, eine problembeladene Lerngeschichte und ein geringer Vorrat an Stärken und Unterstützungspotenzialen lassen vermuten, dass für die Förderung für längere Zeit und in nicht zu geringem Umfang Ressourcen bereitgestellt werden müssen, dass evtl. eine sonderpädagogische Förderung angezeigt ist.

Der zweite Blick bei den diagnostischen Untersuchungen gilt dem Umfeld, in dem sich ein Kind bewegt. Durch die Erkundung des Umfelds versuchen wir in Erfahrung zu bringen,

- welche Bedingungen u.U. ursächlich sind und zum Fortbestehen der Schwierigkeiten beitragen - in dem Fall sprechen wir von Risiken, aber auch
- ob es Bedingungen gibt, welche die Probleme abmildern oder die zur Abmilderung der Probleme genutzt werden können; in dem Fall sprechen wir von Schutzfaktoren oder Unterstützungspotenzialen.

Ggf. ist auch abzuklären, welche pädagogischen Settings für die Förderung des Kindes in Frage kommen und welche Institutionen und Dienste den Förderprozess unterstützen können.

Die Feststellung sonderpädagogischen Förderbedarfs

Die **Feststellung sonderpädagogischen Förderbedarfs** ist immer dann erforderlich, wenn die Bedürftigkeit im Einzelfall nachgewiesen werden muss, um eine Regelschulklasse mit Sonderschullehrerstunden auszustatten. Sie erübrigt sich, wo die Förderressourcen a priori zugewiesen werden, d.h., wenn ein festes Kontingent an Sonderschullehrerstunden zur Verfügung steht, z.B. bei den Integrativen Regelklassen in Hamburg oder bei dem Programm Lernen unter einem Dach. Wer nach solchen Bedingungen arbeitet, kann die folgenden Ausführungen übergehen.

Zu Zeiten, als man glaubte, Lernerfolg sei nichts anderes als der Ausdruck einer angeborenen Begabung, legte man einen IQ von 80 oder 85 als Kriterium für die Diagnose einer Lernbehinderung fest. Dieses Kriterium wurde niemals wirklich eingehalten, denn zu allen Zeiten hatte die Hälfte oder mehr der Schülerinnen und Schüler in Lernbehindertenschulen einen weitaus höheren, durchschnittlichen oder sogar überdurchschnittlichen IQ. Das ist nach unserem heutigen Wissen um die Umwelteinflüsse nicht verwunderlich. Wächst ein Kind unter schwierigen und bildungsfernen Milieubedingungen heran, ist eine Gefährdung des Lernerfolgs auch bei einer durchschnittlichen oder gar überdurchschnittlichen Intelligenz nicht unwahrscheinlich.

Die Wahrscheinlichkeit, dass ein Kind sonderpädagogischer Förderung bedarf, ist um so größer, je mehr die folgenden Sachverhalten zutreffen:

Indikatoren sonderpädagogischer Förderbedürftigkeit

Schulleistungen

- Das Kind ist in seiner Lernentwicklung in wichtigen Schulfächern um mehr als 1/2 Jahr zurück
- Das Kind gehört mit seinen Lernleistungen in wichtigen Schulfächern zu den unteren 10%

Arbeitsverhalten, Motivation

- Das Kind zeigt ausgesprochen wenig Interesse an den schulischen Angeboten
- Das Kind operiert bei der Bearbeitung schulischer Aufgaben überwiegend planlos bzw. kognitiv impulsiv

Sprachentwicklung

- Das Kind weist deutliche sprachliche Rückstände auf

- **Sozialverhalten**
- Das Kind hat massive soziale Probleme in der Klasse (Ängste, Aggression, Isolation)

Entwicklung, Vorgeschichte
- Die vorschulische Entwicklung ist gekennzeichnet von Krankheiten, Krankenhausaufenthalten, Heimaufenthalten, Trennungen
- Die schulische Entwicklung ist gekennzeichnet von Sitzen bleiben, Zurückstellungen, erfolglosen Förderbemühungen etc.

Ressourcen
- Das intellektuelle Potenzial eines Kindes ist eher unterdurchschnittlich
- Das Kind wird durch organische Beeinträchtigungen in seiner Lernentwicklung behindert
- Die sozialen und emotionalen Kompetenzen des Kindes sind nicht altersadäquat
- Es sind keine besonderen Fertigkeiten erkennbar, die dem Kind helfen könnten, seine Schwierigkeiten ohne Hilfe von außen zu überwinden

Entwicklungsrelevante Bedingungen des Umfelds
- Das Kind kann nicht oder nur in geringem Maße Unterstützung durch das häusliche Umfeld erwarten, Risiken im häuslichen Umfeld haben das Übergewicht über Schutzfaktoren.
- Ggf: an dem gegenwärtigen Lernort oder in der gegenwärtigen Lerngruppe sind keine ausreichenden Förderangebote vorhanden.

Welche und wie viele Bedingungen zusammenkommen müssen, um von sonderpädagogischer Förderbedürftigkeit zu sprechen, lässt sich vorab nicht sagen. Und zwar aus zwei Gründen:

1. Ob und wie viele Kinder als sonderpädagogisch förderbedürftig klassifiziert werden, hängt nicht nur von den Eigenschaften des Kindes ab, sondern auch und vor allem davon, wie viele Ressourcen in und außerhalb der Institution zur Verfügung stehen und wie gut diese vernetzt und gebündelt sind.
2. Jeder Fall ist einzigartig. Eine Entscheidung muss sich immer auf eine Zusammenschau der Diagnosedaten gründen, seien diese nun informell gewonnen oder durch standardisierte Verfahren.

Das berufene Gremium für solch eine Zusammenschau und Gewichtung ist **ein sachverständig zusammengesetzter Förderausschuss** oder ein vergleichbares Gremium. Wodurch u.a. auch deutlich wird, dass die Entscheidungen von **Menschen** zu treffen sind und nicht einem Test oder einer Normentabelle überlassen werden können.

3. Annäherungen an ein förderungsdiagnostisches Instrumentarium

Diagnostik ist über weite Strecken psychologische Diagnostik, entwickelt für psychologische Fragestellungen und für die Arbeitsfelder der Psychologie, etwa

- für Forschungszwecke, um statistisch auswertbare psychologische Zusammenhänge und Entwicklungen zu erhellen
- für die klinisch-therapeutische Praxis
- für Berufsprognosen
- für Begutachtungen, etwa Glaubwürdigkeitsgutachten oder Sorgerechtsgutachten vor Gericht.

Für Diagnosen in pädagogischen Arbeitsfeldern sind diese Verfahren nur bedingt geeignet:

1. Die für die oben genannten Fragestellungen entwickelten Intelligenz- und Persönlichkeitstests sollen weitreichende Prognosen ermöglichen, die Bewährung eines Menschen auf möglichst vielen Gebieten dauerhaft vorhersagen. Wie ein Weitwinkelobjektiv liefern sie

einen großen Bildausschnitt. Wie dieses aber versagen sie bei der Abbildung von Details, und zwar genau der Details, die für eine Förderung wichtig sind. So mag ein Intelligenztest messen, wie gut das logische Denken und die Abstraktionsfähigkeit eines Kindes entwickelt ist. Warum das gleiche Kind aber beim Problem des Zehnerüberschreitens versagt oder wie sein Zahlbegriff ausgebildet ist, darauf gibt der Test weitaus weniger Hinweise jedenfalls, als die Beobachtung des Kindes in der Lernsituation und die Rekonstruktion des bisherigen Lernverlaufs.

2. Die Tests sollten **stabile** Merkmale messen. Bevorzugt werden solche Items aufgenommen, bei denen intraindividuelle Schwankungen kaum vorkommen. Dies mag dazu führen, dass der Pädagoge bei einem Kind bereits Veränderungen registriert, der Test aber infolge seines Konstruktionsprinzips eine unveränderte Merkmalsausprägung signalisiert.
3. Während man sich in der Pädagogik einer Kind-Umfeld-Diagnostik verpflichtet fühlt, ist v.a. die an die klinische Psychologie angelehnte Diagnostik noch über weite Strecken ausschließlich personzentriert und defizitorientiert. Zudem dominieren in hohem Maße Konzepte und Beschreibungen aus klinisch-psychologischen bzw. klinisch-psychiatrischen Arbeitsfeldern, etwa bei der Beschreibung des Aufmerksamkeits-Defizit-Syndroms. Dies mag dazu führen, dass interpersonale Probleme (Schüler-Lehrer, Schüler-Schüler, Eltern-Kind) einseitig dem "Symptomträger" zugeschrieben werden. Ein an medizinischen Krankheitsbegriffen orientierter Begriffsgebrauch mag darüber hinaus Vorstellungen von irreversiblen Defekten nähren, deren Folgen pädagogisch nicht zu beeinflussen sind. Selbst wohlgemeinte, d.h. zum Zweck einer Förderung eingeleitete Diagnosen können unter solchen Voraussetzungen zu Stigmatisierungen führen und Kindern und Jugendlichen zum Nachteil geraten.
   Solche Konnotationen haften womöglich sogar schon dem Begriff "Diagnostik" an. Wenn wir es ernst meinen mit einer "Entpathologisierung" pädagogischer Präventions- und Interventionsmaßnahmen, müssen wir auch die Begrifflichkeiten, die wir verwenden, einer kritischen Überprüfung unterziehen und fragen, ob es zu Begriffen wie "Diagnostik", "Begutachtung" und "Therapie" in pädagogischen Arbeitsfeldern unbelastetere Alternativen gibt: etwa Termini wie "Förderbericht", "Entwicklungsplan" oder "Kompetenzeinschätzung".
4. Auch viele der nach den Konstruktionsprinzipien psychologischer Diagnostik aufgebauten Schulleistungstests sind für die Optimierung pädagogischer Angebote nur bedingt geeignet.

- Sie sind produktorientiert, d.h. sie bilden das **Lernergebnis** ab und nicht den **Lernprozess**.
- Sie erlauben, die relative Position eines Kindes im Vergleich zu einem Kollektiv zu ermitteln, sagen aber nur bedingt aus, welche Anteile des Lerngegenstands bewältigt werden und welche nicht.
- Sie sind, bis auf wenige Ausnahmen, auf die Leistungen ausgerichtet, die ein Kind am **Ende** eines Schuljahres aufgebaut haben sollte und bilden nur bedingt die Lernschritte ab, die zwischen den Schuljahresenden liegen.

Psychometrische Tests können mithelfen zu entscheiden, **ob** ein Kind förderbedürftig ist.

Um konkrete **Förderangebote** zu planen, reichen die Informationen, die sie liefern, in der Regel jedoch nicht aus. Hierzu benötigen wir eine **Pädagogische Diagnostik**, die sich in wesentlichen Teilen von dem unterscheidet, was die Psychologische Diagnostik entwickelt hat. U. a. werden benötigt

- curriculumsvalide Verfahren, d.h. Instrumente, welche den Lernfortschritt in einem Fach nicht nur **punktuell** und **stichprobenartig**, sondern **kontinuierlich** abbilden können. Wir benötigen z.B. Rechentests, die nicht nur aussagen, ob Denis' Rechenleistungen über oder unter dem Durchschnitt seiner Kohorte liegen, sondern Verfahren, die abbilden, ob er bereits einen Zahlbegriff ausgebildet hat, über welche elementaren Rechenoperationen er verfügt und welche Lernschritte er womöglich ausgelassen hat;
- prozessorientierte Verfahren, durch die sich ermitteln lässt, ob Kai überhastet operiert oder planlos, ob er erfolgszuversichtlich oder versagensängstlich ist, ob er Fehler macht, weil er sich einen falschen Algorithmus eingeprägt hat oder überhaupt noch nicht über Lösungsvorstellungen verfügt und ob seine Lernschritte automatisiert sind oder nicht,
- Diagnoseverfahren, um die lernbereichsspezifische Motivation eines Kindes zu ermitteln und die Gefühle, die es einem Lerngegenstand entgegenbringt. Die Begeisterung, die ein Kind für mathematisch-naturwissenschaftliche Fächer aufbringt, muss nicht die gleiche sein wie die gegenüber Sprachen - und umgekehrt. Wie HELMKE und WEINERT (1997)[1] zeigen, ist gerade die lernbereichsspezifische Motivation stark mit der Lernleistung in einem Fach verknüpft. Es erscheint notwendig, neben der fachlichen Förderung in Deutsch, Mathematik oder Englisch auch dafür zu sorgen, dass das Interesse am Fach geweckt und aufrecht erhalten wird und ganz besonders auch die Erfolgszuversicht, die Anforderungen auch bewältigen zu können. Wir haben mit solch einem kombinierten Vorgehen bei unseren Förderangeboten beste Erfahrungen gemacht.
- Wir benötigen neben der im klinisch-psychologische Bereich verbreiteten Diagnostik von **Störungsbildern** (manche nennen das auch Defizitdiagnostik) eine Schutzfaktorendiagnostik, um auch die **Stärken** eines Kindes zu erkennen und
- neben der noch weitgehend personzentrierten Diagnostik eine **umfeldbezogene Diagnostik**, um abschätzen zu können, inwieweit schädigende oder schützende Bedingungen des Umfeldes eines Kindes die Entwicklung beeinflussen und um abschätzen zu können, ob schädigende Bedingungen eliminiert und schützende aufgebaut werden können.

In mehreren Forschungsprojekten der Universität Bremen waren wir bemüht, einige Lücken auf dem Gebiet der Pädagogischen Diagnostik zu schließen. Dabei entstanden u.a. folgende Kompetenzinventare, **"Prozessdiagnose der Schriftsprachkompetenz in den Schuljahren 1 und 2[2]" sowie "Prozessdiagnose mathematischer Kompetenzen in den Schuljahren 1 und 2[3]".** Bei den "Prozessdiagnosen" handelt es sich um Diagnosekompendien, also Fragen- und Aufgabensammlungen zu verschiedenen lernrelevanten Kompetenzen und Verhaltensweisen. Insgesamt gesehen besteht bei der Entwicklung pädagogischer Diagnoseverfahren ein enormer Nachholbedarf.

Prozessdiagnosen - Übersicht

Prozessdiagnose der Schiftsprachkompetenz in den Schuljahren 1 und 2 (1 Band)	**Prozessdiagnose mathematischer Kompetenzen in den Schuljahren 1 und 2 (3 Bände)**
Vorgaben zur Lernstandsanalyse	
	Vortest zur Aufgabensammlung
Aufgaben zur Überprüfung der Lernfortschritte beim Lesen und Schreiben	Aufgaben zur Überprüfung mathematischer Kompetenzen auf verschiedenen Repräsentationsniveaus
Vorgaben zur Ermittlung lernrelevanter Bedingungen und Hinweise zur Förderung	
Theoretische Ausführungen und kurzgefasste Förderhinweise zu Störungen bei der Aneignung des Schriftspracherwerbs	Theoretische Ausführungen und kurzgefasste Förderhinweise zu Störungen bei der Aneignung mathematischer Kompetenzen
Fragen zur Ermittlung emotionaler Einstellungen zum Lesen und Schreiben	Fragen zur Ermittlung emotionaler Einstellungen zum Fach Mathematik
Fragen zur Ermittlung außerschulischer Erfahrungen mit Büchern, mit Schrift	Fragen zur Ermittlung des Lebensweltbezugs mathematischer Vorstellungen
Checkliste zur Beurteilung der Allgemeinentwicklung von Schulanfängern	
Protokollbogen zum Lernhandeln und zur Motivation	

Aber zunächst: man benötigt nicht für alles und jedes einen Test. Die genuinen diagnostischen Zugängen von Lehrerinnen und Lehrern zu einem Kind sind

- die Beobachtung des Kindes im pädagogischen Feld
- die Befragung, die Metakommunikation über Lernprozesse oder schulisches Handeln "....... sage mir doch, wie du die Aufgabe gelöst hast"
- das Gespräch über Gefühle, mit denen das Kind das schulische Lernen begleitet "Wie fühlst du dich, wenn ...."
- das Elterngespräch, der Hausbesuch und
- das Einholen und das Sichten von Arbeitsproben, z.B. in Form von Klassenarbeiten.

Zu praktisch tauglichen und wissenschaftlich akzeptablen Vorgehensweisen werden diese diagnostischen Zugänge, wenn sie vor dem Hintergrund gesicherter Modelle erfolgen, also theoriegeleitet sind. Ein Lehrer, eine Lehrerin kann durchaus zutreffende Beobachtungen im Unterricht durchführen, wenn sie

- über Vorstellungen verfügt, wie Lesen, Schreiben und Rechnen sich entwickeln,
- über die häufigsten Ursachen von LRS und Rechenstörungen informiert ist,
- sich ein wenig in der Motivationstheorie auskennt oder
- in der Psychologie des Lernens und Vergessens.

Je genauere Kenntnisse Lehrerinnen und Lehrer von solchen Prozessen haben, desto beobachtungssensibler werden sie und es gelingen ihnen mittels teilnehmender Beobachtung womöglich bessere Diagnosen als mit einer aufwendigen psychologischen Testbatterie.

Natürlich gibt es auch Situationen, wo ein Diagnoseverfahren hilfreich sein kann. Für Förderzwecke ist dies ein neuer Typus eines Diagnoseinstruments, das **Kompetenzinventar**. Ein Kompetenzinventar ist eine Art **Checkliste**, oder eine Sammlung von Checklisten, mit der pädagogische Bezugspersonen sich vergegenwärtigen können, inwieweit ein Kind über eine gewünschte oder geforderte Kompetenz verfügt, bzw. was sie selbst über die Ausprägung dieser Kompetenzen bei dem Kind wissen und vermuten.

Bei den "Prozessdiagnosen" handelt es sich um Diagnosekompendien, also Fragen- und Aufgabensammlungen zu verschiedenen lernrelevanten Aspekten und Prozessen.

Die Diagnoseverfahren, die wir vorlegen, sind gedacht als

1. eine **pädagogische Diagnostik**, zugeschnitten auf den Arbeitsauftrag, die Fachkompetenz und das Arbeitsfeld von Lehrerinnen und Lehrern;
2. eine **kindnahe Diagnostik**, durchzuführen von Personen, die mit einem Kind täglich, oder zumindest wöchentlich beruflichen Umgang haben, also eine Förderlehrerin, ein Ambulanzlehrer, eine Klassenlehrerin;
3. eine **prozessorientierte Diagnostik**, bei der nicht nur das Arbeitsergebnis interessiert, sondern auch der Arbeitsstil, die Art, wie ein Kind sich einer Aufgabe nähert und wie es sie ausführt;
4. eine **dialogische Diagnostik**, bei der die Lehrerin oder der Lehrer durch Gespräche und Nachfragen auch etwas über die innere Befindlichkeit von Kindern zu erfahren trachtet und
5. eine **lernwegsbegleitende Diagnostik**, bei der bei Problemkindern immer wieder einmal (mehr oder weniger intensiv) ihr aktueller pädagogischer Förderbedarf ermittelt wird.

Die Aufgabensammlungen sind keine Tests im herkömmlichen Sinn. Sie sind nicht konzipiert, um Punktwerte zu liefern. Sie sollen Einsichten liefern. Einsichten, wie ein Kind an Aufgaben herangeht. Einsichten, wie weit ein Kind auf dem Lernkontinuum gekommen ist und Erkenntnisse, welche Gefühle die Angebote und Anforderungen bei einem Kind auslösen. Sie sind gedacht für die Hand kompetenter Lehrerinnen und Lehrer, welche ihre Kinder kennen und ihre Unterrichtsfächer und in dieser Kenntnis souverän entscheiden können, welche Fragen sie welchen Kindern stellen, bzw. welche Aufgaben sie auswählen und welche sie weglassen. Denn einem Kind **alle** Aufgaben zu stellen, dazu ist die Sammlung zu umfangreich. Darüber hinaus erwarten wir, dass sich die Prüfverfahren mit der Zeit zu einem gewissen Grade selbst überflüssig machen: Viele der Aufgaben und Fragen sind als Denkanstöße gedacht, sein Augenmerk auf diesen oder jenen Sachverhalt zu richten. Lehrerinnen und Lehrer, die dadurch diagnostisch sensibilisiert sind, werden mit der Zeit immer mehr diagnostische Informationen beiläufig aus den täglichen pädagogischen Prozessen beziehen.

Auf drei Besonderheiten dieser Prüfverfahren möchte ich Sie aufmerksam machen:

1. Wir protokollieren nicht nur, ob ein Kind die Anforderung bewältigt, sondern auch, welche Lösungen es anbietet, so z. B. bei den Aufgaben zum "Technischen Lesen".

Beim Technischen Lesen werden einem Kind einzeln Wortkarten vorgelegt. Bei der Auswertung werden nicht nur richtig oder falsch gelesene Wörter gezählt. Es besteht darüber hinaus die Möglichkeit zu registrieren, wie ein Kind an eine Aufgabe herangeht.

Je nachdem, wie die Leseversuche eines Kindes ausfallen, gibt die Auswertung Hinweise, ob z.B.

- die Buchstabenkenntnis eines Kindes gefestigt werden muss,
- die Synthese automatisiert oder
- eine unzweckmäßige Lesestrategie, wie z.B. Ratelesen, durch eine zweckmäßige ersetzt werden sollte.

Ähnliche Auswertungsmöglichkeiten bieten wir zu allen Prüfaufgaben an, bei denen dies möglich ist. Die Überprüfung liefert somit nicht nur die Information, ob die Rückstände eines Kindes so groß sind, dass ein Förderbedarf besteht. Sie liefert auch Erkenntnisse, wo genau die Förderung ansetzen muss.

Qualitative Auswertung des Untertests "Technisches Lesen"

Prüfwörter	Bein	Baum	Leine	laufen
vom Kind gelesenes Wort				
liest fließend und richtig				
liest langsam, lautierend oder syllabiert richtig				
verbessert sich selbst				
synthetisiert, aber erfasst wegen falscher Betonung die Wortbedeutung nicht				
benennt einzelne Buchstaben u. versucht, den Rest zu konstruieren (raten)				
benennt alle Grapheme richtig, aber synthetisiert nicht				
benennt einzelne Grapheme, (sagt evtl. willkürliche Wörter)				
erfragt einzelne Buchstaben, liest aber nicht				
gibt keine Antwort				

2. Wir prüfen nicht nur das Arbeitsergebnis, sondern auch die Herangehensweise an die Aufgabe:

Arbeitsverhalten		**Motivation**	
Das Kind	**X✍**	**Das Kind**	**X✍**
operiert überwiegend schnell (zügig) und planvoll		nimmt die Aufgabe in Angriff und bemüht sich um eine Lösung	
operiert überwiegend langsam, aber gründlich und mit System		bemüht sich weiter, auch wenn Schwierigkeiten auftauchen	
operiert schnell, aber überhastet und mit wenig System		gibt Lösungsversuche schnell auf	
operiert überwiegend langsam und planlos		macht keinen Lösungsversuch	

Sie können sich leicht vorstellen, dass diese Informationen von äußerster Wichtigkeit sind für die Gestaltung von Förderangeboten. Sie können sich auch leicht vergegenwärtigen, dass gebräuchliche Tests, die nur die Registrierung richtiger oder falscher Lösungen zulassen, solche Informationen schlicht unterschlagen.

3. Wir sehen bei unseren diagnostischen Annäherungen das Kind nicht nur als denkenden, sondern auch als fühlenden Menschen und wir versuchen in Erfahrungen zu bringen, welche Gefühle ein Kind dem Lerngegenstand entgegenbringt.

Unsere Aufgabensammlung sieht daher einen Fragenkatalog vor, mit dem ermittelt werden soll, mit welchen Gefühlen ein Kind dem Lesen und Schreiben oder Rechnen begegnet. In der Regel wählen wir für diese Fragen sogar einen Einstieg, weil sie nicht nur wichtige diagnostische Informationen liefern, sondern es auch ermöglichen, eine Beziehung zu dem Kind herzustellen.

Die folgenden Fragen sind als ein Gesprächsleitfaden gedacht. Die Formulierungen müssen nicht wörtlich übernommen werden, sollten jedoch annäherungsweise beibehalten werden. **Befragt werden sollen Kinder, die beim Lesen und Schreiben Schwierigkeiten haben.** Im Zweifelsfall entscheiden Sie selbst, welche Fragen Sie einem Kind stellen wollen.

Protokollbogen zur Ermittlung der emotionalen Einstellung des Kindes zum Lerngegenstand (Lesen und Schreiben)

	Antworten des Kindes
Welche Schulfächer magst du am Liebsten?	
Welches Fach magst du am Wenigsten?	
Wie ist es mit Lesen und Schreiben (Deutsch)?	
Sagst du „Lesen und Schreiben" oder sagst du Deutschunterricht? (Im Folgenden den vom Kind bevorzugten Ausdruck verwenden!)	
Wie kommst du mit dem Lesen und Schreiben zurecht?	
Was fällt dir schwer beim Lesen?	
Was fällt dir schwer beim Schreiben?	
Was fällt dir leicht?	
Was magst du am Wenigsten? (Warum nicht?)	
Was magst du am Liebsten?	
Magst du lieber lesen oder magst du lieber schreiben?	

Als Sprechanlass haben wir darüber hinaus eine Art projektiven Test vorgesehen (Abb. 1):

Abb. 1

Ermittlung emotionaler Einstellung zum Lerngegenstand

(Originalgröße der Abb. A4, die Kinderfiguren werden ausgeschnitten, damit das Kind sie in die von ihm gewünschte Position bringen kann.)

Leiter mit 10 Sprossen (s. Abbildung): Das Kind kann die Pappfigur auf die Leiter stellen. Die Kinder erhalten folgende Instruktion:

Ich zeige dir jetzt ein Bild. Da ist eine Leiter und da sind zwei Kinder. Das Kind da oben kann ganz toll lesen und schreiben. Und das da unten kann gar nicht lesen und schreiben. Wo würdest du stehen?

Und hier oben ist einer, dem macht Lesen und Schreiben riesigen Spaß. Und dem da unten macht Lesen und Schreiben gar keinen Spaß. Und das bist du. (L. gibt dem Kind eine Figur in die Hand.) *Stell du dich doch einmal auf die Leiter.*

Es geht dann weiter mit Fragen:

Wie fühlst du dich, wenn du im Unterricht etwas vorlesen musst?

Hast du Angst vor Deutscharbeiten?

Was schreibst du lieber, Aufsätze oder Diktate?

Ich zeige dir noch mal das Bild mit der Leiter. Du kennst das ja schon. Hier oben ist einer, der hat gar keine Angst. Hier unten der hat fürchterliche Angst vor dem Lesen und Schreiben. Wo stehst du auf der Leiter?

Wir erwarten dabei nicht, dass das Kind sich "richtig" zuordnet. Auch Diskrepanzen zwischen der Selbsteinschätzung und der tatsächlich erbrachten Leistung können aufschlussreich sein; einem Kind, welches seine Leistungen überschätzt, wird bei der Förderung anders zu begegnen sein, als einem, welches sich unterschätzt bzw. einem, das eine realistische Vorstellung von seinen Leistungen hat. In jedem Fall handelt es sich bei der Vorgabe um einen ausgezeichneten Stimulus, um mit einem Kind über seine Probleme ins Gespräch zu kommen.

Wir erleben, dass dieser Aufgabenkomplex sehr bedeutsam für Diagnose und Förderung ist. Lehrerinnen und Lehrer berichten, sie haben durch die Antworten der Kinder eine "völlig neue Sicht" auf das Kind gewonnen und "Ich hatte bis dahin immer gedacht, das Kind sei desinteressiert. Jetzt weiß ich, dass es Angst hat zu versagen". Was Sie tun können, wenn Ihr Förderkind Angst vor dem Lesen und Schreiben hat, finden Sie in dem gleichen Kapitel in einer Kurzfassung. Und in einer Langfassung in dem Buch "Was tun bei Motivationsproblemen".

Das Diagnosekompendium "Prozessdiagnose mathematischer Kompetenzen" enthält Prüfaufgaben zum Stoff der ersten beiden Schuljahre.

Im Übrigen ist es ähnlich konzipiert wie Prozessdiagnose Schrift:

1. Wir protokollieren nicht nur, ob ein Kind die Anforderung bewältigt, sondern auch, welche Lösungen es anbietet, und fragen ggf. nach, welche Lösungswege es verfolgt.
2. Wir prüfen nicht nur das Arbeitsergebnis, sondern registrieren auch die Herangehensweise an die Aufgabe, den Arbeitsstil.
3. Wir sehen bei unseren diagnostischen Annäherungen das Kind nicht nur als denkenden, sondern auch als fühlenden Menschen und wir versuchen in Erfahrung zu bringen, welche Gefühle ein Kind dem Lerngegenstand entgegenbringt.

4. Das Umfeld in die Diagnose einbeziehen

Die Vorgaben in den Prozessdiagnosen zielen darauf ab, Erkenntnisse über schulisch relevante Kompetenzen und Verhaltensweisen der **Kinder** in Erfahrung zu bringen. Wir haben an anderer Stelle bereits ausgeführt, dass es auch von Bedeutung sein kann, sich mit dem **Umfeld** eines Kindes zu beschäftigen, dem schulischen und dem außerschulischen. Bei der Einschätzung des Umfelds soll in Erfahrung gebracht werden,

- durch welche schulischen und außerschulische Bedingungen der Lernerfolg eines Kindes beeinträchtigt sein kann, aber auch
- welche unterstützenden Bedingungen es gibt bzw. welche herbeigeführt werden können.

Die folgende Tabelle zeigt eine Gegenüberstellung der Risiken und Schutzfaktoren im schulischen und im außerschulischen Umfeld.

Man mag sich wundern, dass es bei der großen Zahl von Gefährdungspotenzialen, die sich bei einzelnen Kindern ermitteln lassen, überhaupt noch zu einem Lernerfolg kommt. Zum Glück gibt es nicht nur **Risiken**, sondern auch **entwicklungsfördernde** Bedingungen, in der Tabelle als Unterstützungspotenziale benannt. **Unterstützungspotenziale** sind Bedingungen im Umfeld der Person, die sich entwicklungsfördernd auswirken können.

Die Wissenschaft ist erstaunlicherweise erst sehr spät auf den Bereiche der Widerstandskräfte und Unterstützungspotenziale aufmerksam geworden. In der Fachliteratur finden sich ursprünglich die Begriffspaare "Risikofaktoren - Schutzfaktoren" bzw. "Risiko vs. Resilienz". Das englische Adjektiv "resilient" lässt sich übersetzen mit "abfedernd", "abprallend". Resilienzbedingungen sind also solche, welche Risiken abfedern oder abprallen lassen. Ich ziehe es vor, von "Gefährdungspotenzialen" und von "Unterstützungspotenzialen" zu sprechen, bzw. von "Widerstandskräften", wenn es sich um Eigenschaften oder Kompetenzen von Individuen handelt. Ich gebe dem Begriff Potenzial den Vorzug, weil er

- zum einen etwas beschreibt, was bereits existiert,
- zum anderen aber auch eine konditionale Interpretation zulässt, d. h. etwas bezeichnet, was sein oder herbeigeführt werden könnte, bzw. was unter bestimmten Bedingungen, etwa der Bedingung einer Bündelung von Angeboten, zur Wirkung gelangt.

Der Bedeutungsaspekt "etwas, was herbeigeführt werden könnte" wird sich als bedeutsam erweisen bei der Konzeption von Förderangeboten.

Positivwirkungen werden nach diesem Konzept als Folgen eines Bündels günstiger Bedingungen angesehen und Negativwirkungen als Folgen eines Bündels ungünstiger Einflüsse und Voraussetzungen.

Störungen sind nach diesem Konzept zu erwarten, wenn die Menge und das Gewicht von Gefährdungspotenzialen die Menge und das

Risiken und Schutzfaktoren im Umfeld eines Kindes

	Risiken, Gefährdungspotenziale	Schutzfaktoren, Unterstützungspotenziale
Außerschulische, häusliche Sozialisationsbedingungen	• Materielle Unsicherheit • Beengte Wohnverhältnisse • Traumata durch Flucht, Vertreibung, Arbeitslosigkeit • Anregungsarmes häusliches Milieu • Illiterales Milieu • Geringe Sprach- und Schriftsprachkompetenz der Erziehungspersonen • gestörte familiale Beziehungen, Vernachlässigung des Kindes, • Überbehütung, • Überforderung • Hoher Mediumkonsum • Zugehörigkeit zu antisozialer Peer-Group	• Materielle und soziale Sicherheit der Familie • Anregungsreiches, ermutigendes Erziehungsklima • Ausreichend Kommunikation • Literales Milieu • Eigene Bücher, Vorlesen • Begleitung des Lernprozesses durch häusliche Bezugspersonen • Unterstützung bei den Hausaufgaben • Nachhilfe
Schulische Sozialisationsbedingungen und pädagogische Angebote	• Unfreundliche bauliche Gestaltung der Schule, dürftige Einrichtung und Ausstattung; • Zu wenig Personal, zu große Klassen • Schlechtes Schulklima, fehlende Kooperation unter den Lehrerinnen und Lehrern • Sehr heterogene Schülerschaft • Ablehnendes Lehrerverhalten, gestörte Schüler- Lehrer- Beziehung • Konflikte mit Mitschülern • Hoher Leistungsdruck • Gleichtakt des Lernens • Zu wenig zugestandene Lernzeit • Fehlende Passung • Inhaltsarme Formalangebote	• Freundliche Gestaltung der Schule (Klassenzimmer, Gebäude, Schulhof) • Kollektives Bemühen der Lehrkräfte um eine kindgerechte Schule • Binnendifferenzierender Unterricht in allen Fächern • Projektunterricht • Unterstützungssysteme für in ihrer Entwicklung gefährdete Kinder (Sprachförderung, Deutschunterricht für Kinder ausländischer Herkunft, Beratungslehrer, Stützpädagogen) • Erlebnis- und erfahrungsbezogene Angebote • Sorgfältige Passung der Angebote an individuelle Ausgangslagen • Ausgiebige Bearbeitung der besonderen Schwierigkeiten des Lerngegenstands • Ausreichende Lernzeit für alle • Unterstützungsangebote für Kinder mit akuten Lernproblemen • Hilfen zur Ausbildung zweckmäßiger Aneignungsstrategien • Jahrgangsübergreifender Unterricht mit Lernzeitverlängerung • Schule mit familienergänzenden Aufgaben, Schulsozialarbeit, Betreuungsschule, Hort

Gewicht der Widerstandskräfte bzw. Unterstützungspotenziale übersteigt.

Eine Verringerung von Störungen ist zu erwarten, wenn es gelingt,

- Kompetenzen und Ressourcen der Person zu stärken
- Gefährdungspotenziale im Umfeld zu minimieren und
- Unterstützungspotenziale im Umfeld zu maximieren

Zur Erfassung der Umfeldbedingungen bedienen wir uns verschiedener Checklisten:

Kind-Umfeld-Analyse: Außerschulische Lebensbedingungen

Außerschulische Lebens- und Lernbedingungen	Eher ja	Eher nein	Bemerkungen
Die Familie lebt in wirtschaftlich gesicherten Verhältnissen			
Die Wohnverhältnisse sind hinreichend, das Kind hat zu Hause einen Ort, an dem es in Ruhe schulische Aufgaben erledigen kann			
Die Familie lebt in sozial konstanten Verhältnissen			
Das häusliche Milieu ist anregungsreich und kommunikativ			
In der Familie wird deutsch gesprochen			
Das Kind verfügt über Bücher und lernförderliches Spielzeug			
Die Eltern / die Erziehungsperson(en) sind / ist um das körperliche und seelische Wohlergehen der Kinder bemüht			
Das Erziehungsklima ist freundlich und zugewandt			
Das Kind erhält Unterstützung in schulischen Angelegenheiten			
Das Kind erhält Hausaufgabenhilfe bzw. Nachhilfe			
Das Kind hat Freunde/Geschwister, die es ihm ermöglichen, sich sozial zu entfalten			
Das Kind erhält außerschulische Betreuungsangebote, Hort, Spielkreis etc.			
Das Kind erhält Anregungen durch Sport, Spielkreise, musische Angebote			

Besondere Stärken des Häuslichen Milieus (Unterstützungspotenziale)
Besondere Belastungen der Familie bzw. im häuslichen Milieu (Gefährdungspotenziale)

Kind-Umfeld-Analyse: Schulisches Umfeld

Schulische Lebens- und Lernbedingungen	Eher ja	Eher nein	Bemerkungen
Das Kind erhält Angebote, die seinem Kompetenzniveau angepasst sind			
Das Kind erhält Angebote, die seinen Interessen entsprechen			
Die Lehrerin ist um das Kind bemüht			
Das Schüler-Lehrer-Verhältnis ist entspannt			
Das Kind erhält besondere Förder- und Unterstützungsangebote, und zwar			
Das Kind ist bei seinen Mitschülern akzeptiert			
Das Kind hat Freunde und Gefährten			

Besondere Unterstützungspotenziale im schulischen Umfeld
Besondere Gefährdungspotenziale im schulischen Umfeld

Vielleicht fällt Ihnen auf, dass alle Kategorien positiv formuliert sind. Das ist nicht ohne Grund erfolgt. Negativformulierungen erhalten leicht den Charakter der Anschuldigung und des pädagogischen Fatalismus. Fatalismus lähmt die pädagogischen Bemühungen. Anschuldigungen erschweren die Kooperation.

Die Listen sind noch nicht ganz ausgereift. Vielleicht regen Sie die Vorgaben dazu an, nach diesem Muster eigene Skalen zu entwickeln.

Was nützt es mir, wenn ich mir vergegenwärtige, wie das Kind lebt und lernt?

1. Ich werde vielleicht darauf aufmerksam, dass dem Kind in seinem Umfeld wichtige Angebote **fehlen**. Ich kann dann versuchen, entsprechende Unterstützungsangebote zu **organisieren**.
2. Ich kann Gefährdungspotentiale erkennen und versuchen, diese zu **reduzieren**; das gilt v.a. für die **schulischen** Gefährdungen.
3. Es kann sein, dass ich Gefährdungspotenziale erkenne, auf die ich **keinen** Einfluss habe. Immerhin hilft mir das, das Kind besser zu **verstehen** - oder die Gefährdungen durch besonders ausgelegte schulische Angebote zu **kompensieren**.

5. Von der Förderdiagnose zum Förderplan

Mit der Feststellung der Sonderschulbedürftigkeit bzw. des sonderpädagogischen Förderbedarfs und der Formulierung einiger mehr oder weniger allgemein gehaltener Förderaufträge war in der Vergangenheit der Diagnoseauftrag von Sonderschullehrkräften beendet. Die Sonderschullehrkräfte, die sich fortan um das Kind zu kümmern hatten, würden schon wissen, was sie zu tun haben. Dies ändert sich in dem Maße, in dem sonderpädagogisch förderbedürftige Kinder in Regelschulklassen gefördert werden. Nunmehr wollen auch die Grundschullehrkräfte wissen, wie mit dem Kind zu verfahren ist, was die Sonderschullehrkraft tut und zu tun gedenkt und was ihre Aufgabe sei. Die Situation ruft nach der Erarbeitung eines Förderplans, oder, wie es im internationalen Sprachgebrauch heißt, nach einem Individuellen Entwicklungsplan.

In den USA schreibt ein Bundesgesetz schon seit 1975 vor, dass für "children with special educational needs" ein "Individual educational program" erarbeitet werden muss. In einer Novelle von 1997 wurden die Vorschriften noch einmal präzisiert. Der Individuelle Entwicklungsplan muss u.a. folgende Angaben enthalten:

- Konkrete Förderziele, die im Förderzeitraum erreicht werden sollen
- methodisches Vorgehen
- erforderliche Ressourcen sowie
- Zuständigkeiten

Darüber hinaus ist vorgeschrieben, dass der Förderplan spätestens in Jahresabständen aktualisiert werden muss.

Ich bin z.Zt. dabei, die Sonderpädagogik-Verordnungen der deutschen Bundesländer zu vergleichen, was sie in dieser Hinsicht vorsehen. Bei solch einem Vergleich fällt als erstes auf, wie unterschiedlich die Dinge in Deutschland geregelt sind:

- In einigen Bundesländern muss ein Förderausschuss über den sonderpädagogischen Förderbedarf befinden, in anderen ist diese Einrichtung unbekannt.
- Es gibt Länder, in denen die Schulaufsicht entscheidet, in anderen ist es die Sonderschule.
- Manche Verordnungen fordern von der meldenden Grundschule detaillierte Berichte, lassen aber offen, was in dem sonderpädagogischen Gutachten stehen soll.

Förderpläne werden in den Richtlinien zwar überwiegend gefordert. Allerdings sind auch hier die Vorgaben noch sehr vage. Lassen Sie mich daher an dieser Stelle einige Hinweise geben, was in einem individuellen Entwicklungsplan stehen sollte:

1. **Angaben zur Person**, und zwar auf der ersten Seite des Gutachtens. Das mag trivial klingen. Aber ich habe oft genug Gutachten in der Hand, in denen ich erst nach längerem Suchen erfahre, wie alt das Kind ist, welche Klasse es besucht und in welcher Schulform es gegenwärtig unterrichtet wird.
2. **Anlass und Fragestellung** der pädagogisch-diagnostischen Bemühungen: warum wurde eine diagnostische Untersuchung eingeleitet, welche Fragen sollen durch das diagnostische Vorgehen beantwortet werden.
3. **Aktuelle Befindlichkeiten**, bzw. **Ist-Zustand:** Wie ist der Lernstand des Kindes, in welcher psychischen Verfassung befindet es sich, wie ist seine Lebenssituation.
4. **Ursächliche Bedingungen** - Eigenschaften und Lebensumstände, die ursächlich am Zustandekommen der gegenwärtigen Lebenssituation beteiligt waren bzw. sind.
5. **Fördervorschläge**, einschließlich Umfang der Förderung und Zuständigkeiten für die einzelnen Fördermaßnahmen.
6. **Angaben zur Aktualisierung und zur Evaluation:** Hier ist auszuführen, wann und durch wen eine erneute Überprüfung erfolgen soll und wann eine Förderung als erfolgreich abgeschlossen angesehen werden kann.

Sie finden im Anhang einen Strukturierungsvorschlag für solch ein Fördergutachten. Dieser Leitfaden ist zu verstehen als eine Checkliste, eine Erinnerungshilfe, die mir die Sicherheit geben soll, dass ich nichts Wichtiges bei der Annäherung an das Problem ausgelassen habe. Ich muss nicht alle Punkte abarbeiten. Aber ich sollte jedem Punkt einen Augenblick des Nachdenkens widmen und mich fragen: "Ist es wichtig, dass ich dieser Frage auf den Grund gehe oder ist das im konkreten Fall peripher?" Piloten, die hunderte Male im Simulator und in der Realität die einzelnen Handgriffe beim Starten und Landen eines Flugzeugs geprobt haben, kennen die Wichtigkeit solcher Erinnerungshilfen. Erst recht sind sie erforderlich, wenn man solche Prozeduren - in unserem Fall elaborierte Förderungsdiagnosen - nicht jeden Tag durchführt. Sie werden, wenn Sie es versuchen, feststellen, dass solch ein erster Schnelldurchgang nicht länger als 10 Minuten dauern muss. Die Diagnosen selbst dauern natürlich länger. Darüber hinaus ist solch ein Leitfaden kein Gesetz. Wir halten es nur für natürlich, dass jeder diesen Leitfaden für seine Zwecke abwandelt oder kürzt.

Noch eines: Ein sonderpädagogisches Gutachten ist keine medizinische Krankenakte; ich reagiere inzwischen schon fast allergisch, wenn ich ein Gutachten erhalte, das mit einer Anamnese, sprich mit einer Krankengeschichte beginnt. Dafür gibt es mehrere Gründe:

1. Wir sind ja nicht gehalten, eine medizinische Behandlung durchzuführen. Wir sind gehalten, auf Lernrückstände oder auf Verhaltensprobleme zu reagieren. Daher haben **sie** an vorderster Stelle zu sehen.
2. Was suggeriert ein Ausbreiten einer Krankengeschichte an vorderster Stelle? Dass alles organisch bedingt ist? Dass alle heutigen Zustände in früheren Lebensabschnitten verursacht sind und damit einer Intervention gar nicht mehr zugänglich? Vieles am Verhalten von Individuen wird mehr durch die aktuellen Befindlichkeiten und die aktuellen

Lebensumstände bestimmt als durch seine Vorgeschichte. Dies muss auch durch die Gutachtendarstellung zum Ausdruck kommen. - Daher kann die Anamnese unter dem Punkt "ursächliche Bedingungen" behandelt werden - aber nicht an vorderster Stelle.

6. Vom Förderplan zum Förderkontrakt

Wir waren bis vor kurzem der Auffassung, dass **Förderpläne** ausreichten, die Kooperation zwischen Sonder- und Regelschullehrkräften zu regeln. Nach den Beobachtungen, die wir in dem Umwandlungsprozess von Sonderschulen zu Förderzentren gemacht haben, meinen wir, dass wir noch einen Schritt weiter gehen müssen. Wir schlagen vor, das Instrument des **Förderkontraktes** zu nutzen, um darin die von den beteiligten Lehrkräften zu erbringenden Leistungen zu operationalisieren.

Kontrakte sind ein in jüngster Zeit immer beliebter werdendes Mittel, um die Kooperation von Menschen in Institutionen zu regeln. Viele Probleme in Institutionen beruhen auf unausgesprochenen und divergierenden Erwartungen, fehlenden und unklaren Absprachen oder nicht hinreichend geklärten Zuständigkeiten. Dies mindert nicht nur die Qualität der zu leistenden Arbeit. Es kann auch zu atmosphärischen Verstimmungen führen, zu chronisch schlechtem Betriebsklima oder sogar zu Mobbing, kurz, zu Zuständen, wo dann "nichts mehr geht".

Dem kann man vorbeugen durch eine Verbindung von Transparenz und Verbindlichkeit, wie sie z.B. in dem Instrument der Kontrakte angestrebt wird. Durch das Kontraktieren werden die wechselseitigen Erwartungen geklärt und Arbeitsteilung als Aufgabenverteilung festgelegt. Wie kommt man in der Förderzentrumsarbeit zu einem Kontrakt?

- Zunächst ermittelt die Sonderpädagogin den besonderen Förderbedarf der behinderten und der von Behinderung bedrohten Kinder. Sie skizziert, was wünschbar wäre für die Minimierung von Gefährdungspotenzialen und an Bereitstellung von Unterstützung.
- Grund- und Sonderschullehrerin klären, was machbar ist und wie in etwa eine Aufgabenverteilung erfolgen soll.
- Vor dem Hintergrund dieser Vorabklärungen entwirft die Sonderschullehrerin Entwicklungspläne und sorgt für die Voraussetzungen zu deren Umsetzung - u.a. durch die Ausarbeitung eines Förderplans, Beschaffung geeigneter Materialien und Hilfsmittel, Beratung der Grundschulkollegin und natürlich durch den Förderunterricht selbst.
- Grund- und Sonderschullehrerin legen endgültig fest, wer welche Förderanteile übernimmt
- Beide Lehrerinnen tauschen sich regelmäßig über den Entwicklungsverlauf des Kindes aus, um ggf. Förderangebote und Verantwortlichkeiten zu modifizieren oder den sich hoffentlich einstellenden Entwicklungsfortschritten anzupassen.

Das Mittel des Kontraktierens ermöglicht es, dass alle Beteiligten sich als gleichberechtigte Partner begreifen können und keiner als Erfüllungsgehilfe des anderen. Damit wird zugleich an die ethische Grundstruktur des pädagogischen Verhältnisses erinnert, das ohne das Zugeständnis der "relativen Autonomie" der Erziehenden nicht möglich ist. Erziehen und Unterrichten zuwider der eigenen Überzeugung ist weder dem Erziehenden möglich, noch kann dieses dem Erzogenen zugemutet werden. Erziehende und Unterrichtende stehen immer auch in existenzieller Verantwortung für das ihnen anvertraute Kind und begegnen sich deshalb als "autonome" Personen, die unter wechselseitiger Respektierung dieser Grundstruktur ihre pädagogischen Absichten und ihre Handlungspläne miteinander verbinden.

Förderkontrakt (Beispiel)
R. Kretschmann, Januar 2000

Name des Kindes, das gefördert werden soll: *Severin*

An der Förderung beteiligte Lehrkräfte:
- *Frau Rautenberg, SOL*
- *Frau Reeder, Grundschullehrerin,*

Vorrangige Förderziele: *Verbesserung der Schriftsprachkompetenz, Steigerung von Erfolgszuversicht in Bezug auf das Lesen und Schreiben*

Vorläufige Dauer der Förderung: *bis zum Ende des ersten Quartals*

Aufgaben, die von der Sonderschullehrerin, Frau Rautenberg, übernommen werden sollen:
- *Förderung von Severin in einer Kleingruppe zusammen mit drei weiteren förderbedürftigen Kindern während vier Unterrichtsstunden in der Woche*
- *Assistenz und Beobachtung der förderbedürftigen Kinder (u.a. auch Severin) im Klassenunterricht während zweier Unterrichtsstunden pro Woche*
- *Anbahnung und Automatisierung phonologischer Kompetenz, Analyse und Synthese durch erlebnisbezogene Lese- und Schreibangebote (evtl. anknüpfend an das Hobby "Karate")*
- *Entlastende und ermutigende Hilfestellungen beim Lesen und beim Erstellen von Texten*
- *Bereitstellung von Differenzierungsmaterial für den von der Grundschullehrerin betreuten Klassenunterricht.*

Aufgaben, die von der Grundschullehrerin, Frau Reeder übernommen werden sollen
- *Severin erhält im Klassenunterricht Differenzierungsangebote, die seinem Kompetenzniveau entsprechen.*
- *Lernerfolgskontrollen erfolgen ausschließlich in der Zweiersituation*
- *Severin darf, wenn er das möchte, 1 mal in der Woche von seinem Hobby berichten.*

Weitere Vereinbarungen:
GL und SOL treffen sich immer Do nach der 5. Stunde, um sich über die Erfahrungen mit den Förderkindern auszutauschen und die erforderlichen Schritte für die kommende Woche zu planen.

Bremen, den 30.9.1999, P. Reeder, K. Rautenberg

Anhang:

Leitfaden für Fördergutachten und Individuelle Entwicklungspläne, Förderschwerpunkt Lernen[4]
R. Kretschmann 2003

Teil I, Anlass und Fragestellung der Begutachtung

1. Person- und Untersuchungsdaten
- Name
- Geburtsdatum, Alter
- Schule, Schulart, Institution, Schulklasse
- Klassenlehrerin und Förderlehrerin
- Erziehungsberechtigte(r), familiäre(r) Ansprechpartner

- Untersuchungszeitraum
- Untersucher
- in die Untersuchung einbezogene Personen u. Institutionen
- Orte, Zeitpunkte der diagnostischen Kontakte
- Akten, Aktenlage, frühere Berichte, die für die Diagnose herangezogen wurden
- Arbeitsbeziehung zw. Diagnostiker(in) und zu diagnostizierender Person
- Sonstiges (z.B. Heimunterbringung, Jugendhilfe etc.)

2. Anlass der Begutachtung

(Benennen der Gründe, warum die diagnostische Untersuchung und Begutachtung eingeleitet wurde)

- aus der Sicht pädagogischer Fachpersonen
- ggf. aus der Sicht anderer mit dem Kind beschäftigten Personen (z.B. Mitarbeiter von Gesundheits- oder Sozialdiensten. Pflegediensten etc.)
- aus der Sicht der Eltern
- ggf. aus der Sicht des Schülers/der Schülerin

3. Fragestellungen

Hier ist auszuführen, welche Erkenntnisse die diagnostische Untersuchung liefern soll, welche Entscheidungen aus ihr abgeleitet oder welcher mutmaßliche Förderbedarf begründet werden soll, z.B.:

- Es soll überprüft werden, ob die Anfangsvermutung zutrifft
- Es soll geprüft werden, ob evtl. weitere, bisher noch nicht bemerkte Schwierigkeiten bestehen
- Es soll ermittelt werden, welche Lernschritte vollzogen wurden und welche nicht
- Es soll untersucht werden, welche Stärken und Interessen bei einem Kind gegeben sind
- Es soll, sofern sich die Anfangsvermutung bestätigt oder weitere Schwierigkeiten erkannt werden, den Ursachen nachgegangen werden.

Teil II: Ergebnisse der diagnostischen Bemühungen und generelle Förderempfehlungen (Grobziele)

4. Erkenntnisquellen, verwandte Prüfverfahren

- Personen, von denen Auskünfte erbeten wurden
- Institutionen, von denen Auskünfte erbeten wurden
- Diagnostisches Vorgehen, diagnostische Zugänge (Arbeitsproben, beiläufige Beobachtungen, systematische Beobachtungen, Befragungen, Kompetenzinventare, Checklisten, Tests) einschließlich Begründungen der Auswahl
- Andere Erkenntnisquellen (z.B. frühere Gutachten, Auskünfte anderer Dienste, Krankengeschichte etc.)

5. Ergebnisse der diagnostischen Untersuchungen und Erhebungen

5.1 Aktuelle Befindlichkeiten

5.1.1 Aktueller Lern- und Leistungsstand

Fach Deutsch

- Vollzogene und nicht vollzogene Lernschritte, ggf. lernhemmende Lernstrategien
- Erzielte Prozentränge, relative Position des Kindes im Vergleich zu seiner Altersgruppe
- Lernbereitschaft und Mitarbeit

Fach Mathematik

- Vollzogene und nicht vollzogene Lernschritte, ggf. lernhemmende Lernstrategien
- Erzielte Prozentränge, relative Position des

Kindes im Vergleich zu seiner Altersgruppe
- Lernbereitschaft und Mitarbeit

ggf. weitere Unterrichtsfächer und Lernbereiche
- Vollzogene und nicht vollzogene Lernschritte, ggf. lernhemmende Lernstrategien
- Erzielte Prozentränge, relative Position des Kindes im Vergleich zu seiner Altersgruppe
- Lernbereitschaft und Mitarbeit

5.1.2 Lern- und unterrichtsbezogene Verhaltensweisen, Schwierigkeiten und Kompetenzen

- Unterrichtliches Lernverhalten: Lernhandeln, Arbeits- und Aneignungsstil
- Unterrichtliches Sozialverhalten: Kommunikation und Interaktion mit Lehrern, mit Mitschülern, soziale Position in der Lerngruppe
- Emotionale Aspekte des Unterrichtsverhaltens: Motivation, -Angsterleben, Interessen etc.
- Außerunterrichtliches Verhalten in der Schule (Pausen, Schulweg)
- Wahrnehmung der Lern- und Lebenssituation durch das Kind: Wie erlebt es seine Schulsituation? Wie deutet es seine aktuellen Schwierigkeiten?
- Besondere Stärken des Kindes, besondere Interessen
- Umweltorientierung
- Musisch-kreative Fertigkeiten
- Motorische Entwicklung, motorische Fertigkeiten
- Sprache: unterrichtliches Sprachhandeln; Resultate von Sprach- und Sprechtests

5.2. Entwicklungsverläufe und Bedingungen, die mutmaßlich zur Entstehung und Aufrechterhaltung der gegenwärtigen Lernergebnisse und Verhaltensweisen beitragen bzw. beigetragen haben

5.2.1 Schulischer und vorschulischer Werdegang

- Kindergartenbesuch
- Einschulung
- Zurückstellungen
- Frühere Schwierigkeiten
- Bisher durchgeführte Fördermaßnahmen und deren Ergebnisse

5.2.2 Medizinisch-psychologische Vorgeschichte und aktuelle organische Befindlichkeiten

- Anamnese
- Sehvermögen und Hörvermögen (Resultate ärztlicher Untersuchungen)
- Organische Beeinträchtigungen, med. Befunde (falls vorhanden)
- Chronische Erkrankungen, ggf. auch Erkrankungen, die zu längeren Fehlzeiten in der Schule geführt haben oder führen
- Medizinische Behandlungen, denen sich das Kind regelmäßig unterziehen muss (auch Krankengymnastik etc.)
- Inanspruchnahme sonstiger regelmäßiger Behandlungen (Ergotherapie, logopädische Behandlung)
- Inanspruchnahme psychologischer Dienste und von Angeboten der Jugendhilfe
- Heimaufenthalte etc.
- Körperlich-seelische Schutzfaktoren

5.2.3 Entwicklungsförderliche und entwicklungshemmende Bedingungen im außerschulischen Umfeld

- Im Haushalt lebende Personen, Familiengeschichte, Familienkonstellation
- Häusliche (wirtschaftliche) Lebensumstände
- Materielle Versorgung des Kindes (eigenes Zimmer, Spielsachen, Geräte, Taschengeld etc.)

- Lernbezogenes Verhalten des Kindes im häuslichen Bereich: Hausaufgabensituation (abgeschirmter Arbeitsplatz), zusätzliche Übungssituationen, Nachhilfe etc.
- Verhalten des Kindes im Freizeitbereich, Spielvorlieben, Hobbys, Interessen
- Freundschaften - mit wem, womit verbringt das Kind seine Nachmittage, wie ist seine Stellung in der peer-group
- Erziehungsverhalten, Familienklima
- Wahrnehmung des Kindes durch die Erziehungspersonen, was erwarten sie von dem Kind, wie erleben sie seine Schwierigkeiten, wie deuten sie sie?
- Reaktionen der Eltern auf die Schwierigkeiten des Kindes, ggf. Unterstützungsversuche (Hilfe bei Hausaufgaben, Motivierungsversuche, emotionale Unterstützung, Organisation v. Nachhilfe)
- Inanspruchnahme von Beratungs-, Sozial-, Gesundheits-, Pflegediensten durch die Eltern
- Schutzfaktoren im häuslichen Umfeld, ggf. verfügbare Unterstützungspotenziale

5.2.4 Entwicklungsförderliche und entwicklungshemmende Bedingungen im schulischen Umfeld

- Schul- und Unterrichtssituation: Einzugsbereich, personelle und sächliche Ausstattung der Schule, generelle Organisation sonderpädagogischer Förderung, Schulkonzept
- Situation der Klasse: räumliche Gegebenheiten, Unterrichtsmedien und -materialien; Förderangebote
- Lerngruppe: Zusammensetzung, soziales Klima, Leistungsstand
- Lehrkräfte in der Klasse, Unterrichtsorganisation und -stil, Differenzierungsangebote
- Verhaltensweisen und Reaktionen der Mitschüler
- Wahrnehmung des Kindes durch die Lehrerin, (die Lehrkräfte). Wie erlebt (erleben) sie das Kind, wie deutet (deuten) sie seine Schwierigkeiten?
- Reaktionen der Lehrerin(nen) auf das Verhalten des Kindes,
- bisher realisierte Fördermaßnahmen bzw. pädagogische Angebote
- Emotionale Unterstützung des Kindes durch die Lehrkräfte
- Schutzfaktoren im schulischen Umfeld, ggf. verfügbare Unterstützungspotenziale

6. Erklärung und Deutung der Problematik

- Problemstruktur - Art und Umfang der Problematik
- Zusammenfassung und Gewichtung der personalen, schulischen und außerschulischen Bedingungen (Risiken), die vermutlich zu den aktuellen Schwierigkeiten geführt haben, bzw. zu deren Aufrechterhaltung beitragen
- Zusammenfassung und Gewichtung der personalen, schulischen und außerschulischen Bedingungen (Schutzfaktoren), die stabilisierend wirken bzw. im Zuge eines Förderangebots zur Stabilisierung beitragen können

7. Benennung der Förderziele (Grobziele) und Einschätzung des Förderbedarfs

- Grobziele, die durch die Förderung erreicht werden sollen
- Geeigneter Lernort, geeignete Lernumgebung (least restrictive enivironment)
- Nachteilsausgleiche
- Personen (Fachleute), die in die Förderung einbezogen werden sollen
- Erforderliche Ressourcen (Förderstunden, Fördermaterialien)

- Mutmaßliche Dauer
- Dienste, die in die Förderung einbezogen werden sollen.

Teil III, Feinziele und Individueller Entwicklungsplan
(Operationalisierung der Förderziele, Fördermethoden und Zuständigkeiten)

8. Veränderungen, die bei dem Förderkind in dem nächstliegenden Förderzeitraum herbeigeführt werden sollen (z.B. im nächsten Quartal)

8.1 Lernbereiche und Fächer

- Kompetenzniveau (Lernausgangslage)
  im Fach _______________, an das die Förderung anknüpfen soll,
  Lernergebnisse, die in diesem Fach im nächsten Quartal erzielt werden sollen,
  Lernergebnisse, die in diesem Fach im Förderzeitraum erzielt werden sollen
- Kompetenzniveau (Lernausgangslage)
  im Fach _______________, an das die Förderung anknüpfen soll,
  Lernergebnisse, die in diesem Fach im nächsten Quartal erzielt werden sollen,
  Lernergebnisse, die in diesem Fach im Förderzeitraum erzielt werden sollen

8.2 Interessen, Neigungen und besondere Fähigkeiten im Rahmen der Förderung

- Interessen, Stärken und Vorlieben des Kindes, die in die Förderung einbezogen werden können

8.3 Ausgewählte Fördermethoden und -materialien

a) fachbezogen

- Methoden und Materialien, mit denen die schulischen Leistungen des Kindes in Fach 1 _____________ gesteigert werden sollen
- Methoden und Materialien, mit denen die schulischen Leistungen des Kindes in Fach 2 _____________ gesteigert werden sollen

b) personorientiert

- Methoden und Materialien, mit denen das Lernhandeln des Kindes optimiert werden soll
- Methoden und Materialien, mit denen das Selbstwertgefühl des Kindes gesteigert werden soll
- Methoden und Materialien, mit denen das Sozialverhalten des Kindes optimiert werden soll
- Methoden und Materialien, mit denen die Stärken des Kindes gefördert werden sollen

8.4 Feinziele - Veränderungen, die zusätzlich zu den problemspezifischen Förderangeboten im schulischen Umfeld herbeigeführt werden sollen, um das Kind zu stabilisieren, z. B. durch

- Familienergänzende Angebote
- Unterrichtsergänzende Angebote
- Anforderungsfreie Begegnungssituationen
- Teilnahme an Arbeitsgemeinschaften
- Einflussnahme auf Mitschüler

8.5 Einbezug des häuslichen bzw. außerschulischen Umfeldes, Veränderungen im außerschulischen Umfeld

- Veränderungen, die im häuslichen Umfeld des Kindes herbeigeführt werden können; Möglichkeit, Eltern als Kooperationspartner zu gewinnen
- Möglichkeiten, stabilisierende Sozialkontakte mit Gleichaltrigen herbeizuführen
- Möglichkeiten, Unterstützung und Entlastung für die Familie zu organisieren

8.6 Terminplanung und Aufgabenverteilung im pädagogischen Feld

- Förderanteile, die von der Förderlehrerin oder Fachlehrerin übernommen werden
- Förderanteile, die von der Klassenlehrerin übernommen werden
- Förderanteile, die von anderen Diensten übernommen werden sollen
- Ort, Zeit, Frequenz und mutmaßliche Dauer der Förderung
- Zeitpunkt zur Evaluation der Förderbemühungen und zur Aktualisierung des Förderplans

8.7 Festlegung der Schwerpunkte und der Prioritäten

- Klärung der Möglichkeiten der Einflussnahme: Auf welche Bedingungen kann Einfluss genommen werden, welche entziehen sich einer Einflussnahme?
- Prioritäten: Welche Förderziele können/ sollen kurzfristig verfolgt werden, welche mittelfristig, welche langfristig?

8.8 Kontrakte und Zielvereinbarungen, kurz- mittel und langfristig

- mit dem Kind,
- mit den Erziehungspersonen
- mit den an der schulischen Förderung und Unterrichtung beteiligten Lehrkräften und weiteren Professionen
- mit Mitarbeiterinnen/Mitarbeitern außerschulischer Dienste.

Teil IV, Förderbericht und Fortschreibung des Förderplans

9. Verlauf und Ergebnisse der Förderung

- Ort(e), Zeitpunkte und Dauer der Förderung
- Übersicht über den Verlauf der Förderung; Dokumentation
- Signifikante Fördersituationen: Blockaden, Verweigerungen, Wendepunkte, Krisen, "Durchbrüche"
- Veränderungen beim Kind (dokumentiert durch Arbeitsergebnisse, Schreibproben u.ä.); welche entwicklungshemmenden Gefühle, Einstellungen, und Verhaltensweisen werden vermindert, welche entwicklungsförderlichen Gefühle, Einstellungen, Verhaltensweisen und Kompetenzen wurden gestärkt?
- Veränderungen im schulischen Umfeld des Kindes (z. B. Situation in der Klasse); welche entwicklungshemmenden Bedingungen wurden verringert, welche entwicklungsförderlichen Bedingungen wurden gestärkt?
- Veränderungen im außerschulischen Umfeld des Kindes (z.B. Verhallten, Einstellungen der Erziehungspersonen); welche entwicklungshemmenden Bedingungen wurden verringert, welche entwicklungsförderlichen Bedingungen wurden gestärkt?
- Veränderungen (das Kind betreffend) bei der Klassenlehrerin
- Veränderungen (das Kind betreffend) bei der Förderlehrerin

10. Bewertung des Fördererfolgs

- Einschätzung und ggf. Dokumentation, in welchem Umfang die Förderziele erreicht wurden
- Benennen der mutmaßlichen Bedingungen für Fördererfolge
- Benennen der mutmaßlichen Bedingungen für ausbleibende Fördererfolge

11. Vorschläge zur Fortführung bzw. Modifikation der Angebote

- ggf. weitere diagnostische Klärung
- Anschlussangebote gem. III

[1] Helmke, A./ Weinert, F. E. (1997) "Bedingungsfaktoren schulischer Leistungen", in: Psychologie des Unterrichts und der Schule - Enzyklopädie der Psychologie, F. E. Weinert, ed., Göttingen: Hogrefe, 71-176

[2] Kretschmann, Rudolf/ Dobrindt, Yvonne/ Behring, Karin (1998) Prozessdiagnose der Schriftsprachkompetenz in den Schuljahren 1 und 2, Horneburg: Persen

[3] Behring, Karin/ Kretschmann, Rudolf/ Dobrindt, Yvonne (1999) Prozessdiagnose mathematischer Kompetenzen in den Schuljahren 1 und 2, 3 Bände, Horneburg: Persen

[4] Überarbeitete Fassung aus Kretschmann, Rudolf/ Arnold, Karl-Heinz (1999) "Leitfaden für Förder- und Entwicklungspläne", in: Z. f. Heilpäd., 9, 410-420

Prof. Dr. Rudolf Kretschmann
Fachbereich Erziehungs- und Bildungswissenschaften (12)
Universität Bremen
Postfach 330440
D-28334 Bremen

e-mail: rudolf.kretschmann@t-online.de
http://www.kretschmann-online.de

Dieser Artikel ist eine überarbeitete Fassung des Referats auf dem Sonderpädagogischen Kongress des vds am 12.06.03 in Köln.

In eigener Sache

Der vds - Verband Sonderpädagogik e.V. - bis 2003 vds - Fachverband für Behindertenpädagogik - besteht seit 1898 und hat über 12.000 Mitglieder. Er erfüllt wichtige und unverzichtbare Aufgaben

- als politisch und weltanschaulich unabhängige Interessenvertretung für behinderte und benachteiligte Kinder und Jugendliche, für deren Eltern und für alle, die beruflich in der Sonderpädagogik arbeiten,
- in der Fortbildung für Sonderpädagogen und Lehrer anderer Schulformen,
- in der Öffentlichkeit, um auf die besonderen Aufgaben und fachlichen Notwendigkeiten der Sonderpädagogik aufmerksam zu machen,
- als Diskussionsforum, in dem die unterschiedlichen, in der Forschung wie in der praktischen Arbeit gewonnenen Erfahrungen und Ansichten offen angesprochen werden können.

Der vds entwickelt Konzepte, die den pädagogischen Erfordernissen des Alltags gerecht werden, und setzt sich für eine ständige Verbesserung der beruflichen Rahmenbedingungen in den verschiedenen sonderpädagogischen Aufgabenfeldern ein.

Daneben ist der vds Herausgeber der europaweit auflagenstärksten Fachpublikation, der 'Zeitschrift für Heilpädagogik', sowie Veranstalter von Fachtagungen und Kongressen.

Als Mitglied des Landesverbandes NRW erhalten Sie neben der monatlich erscheinenden 'Zeitschrift für Heilpädagogik' die Fachzeitschrift 'Sonderpädagogische Förderung in NRW' einmal pro Quartal. Und Sie werden selbstverständlich eingeladen zu Veranstaltungen Ihres vds - Regionalverbands, des Landes- und des Bundesverbandes.

Das Buch **„Körperbehindertenpädagogik - Praxis und Perspektiven"** (352 S.) erhalten vds-Mitglieder für 10,- Euro (vds-nrw@gmx.de). Buchhandelspreis: 14,80 Euro

Beitrittserklärung:

Hiermit erkläre ich zum

meinen Beitritt in den ***vds, Verband Sonderpädagogik, LV-NRW***

Ich bitte, beim Regionalverband *geführt zu werden.*

Gleichzeitig ermächtige ich den ***vds*** *widerruflich, die von mir zu entrichtenden*

Mitgliedsbeiträge bei Fälligkeit zu Lasten meines Kontos einzuziehen:

Nr. *BLZ* *bei der*

Im Mitgliedsbeitrag ist der Bezug der Zeitschrift für Heilpädagogik
und der Mitteilungen enthalten; der Jahresbeitrag beträgt für:

Gruppe A:	*Lehrer, Schulen, Institutionen*	**90,00 Euro**
Gruppe B:	*Fachlehrer, Pensionäre*	**72,00 Euro**
Gruppe C:	*Studenten, Lehramtsanwärter*	**30,00 Euro**

Name *Vorname*

PLZ/Ort *Straße*

Dienstbezeichnung *E-Mail*

Datum, Unterschrift

Verband Sonder-pädagogik

Landesverband Nordrhein-Westfalen e. V.

Bitte senden Sie Ihre Beitrittserklärung an:
Landeskassenführung und Mitgliederverwaltung,
Dirk Wasmuth, Wilhelm-Canaris-Str. 6, 59348 Lüdinghausen